À l'ombre d'une de ces entrées du métropolitain qui firent la gloire d'Hector Guimard, deux enfants consultent le plan. Pour le petit Parisien, il existe un instant crucial, émouvant, initiatique, c'est celui où ayant compris le système des lignes et des correspondances du métro, il contemple dans sa main le petit rectangle de carton qui lui livre l'immense labyrinthe et avec lui toute la ville. Il y a de la volonté de puissance dans la joie ailée qui le porte dans ces couloirs odorants et lumineux. Il possède Paris. Plus tard, sa première maîtresse ne lui donnera pas une émotion plus vive.

Michel Tournier
« À l'ombre d'une de ces entrées »
extrait du livre *Paris des poètes*,
photographies d'Izis Bidermanas – Fernand Nathan – 1977.

Sommaire

Préface

Il n'y a pas de meilleure photographie de la société que le métro aux heures de pointe. A l'heure où chacun vit de plus en plus en communauté, le métro francilien - car il a franchi depuis bien longtemps les limites du périphérique - est sans doute l'un des derniers lieux où continuent de se côtoyer toutes les classes sociales, toutes les origines, toutes les religions, tous les âges... Et s'il est un objet qui symbolise le mieux ce monde souterrain celui du quotidien, du loisir, de l'aventure ou du mystère, c'est bien le fameux « ticket de métro ». Ce petit bout de carton rectangulaire, sésame pour accéder à la mobilité, est né avec le métropolitain en 1900, puis a évolué avec lui. Des petits trous mécaniques du « poinçonneur des Lilas », aux bobines magnétiques des incontournables tourniquets, Grégoire Thonnat nous invite à remonter le temps sur un ticket de métro au travers de documents d'époque. Une formidable immersion dans une histoire toujours en cours, celle d'un métro qui ne cesse d'évoluer et de se moderniser tout comme son ticket qui s'apprête à vivre sa plus grande révolution. J'ai en effet décidé de lui faire abandonner le monde du papier du XIXè siècle pour rejoindre le monde digital du XXIè siècle, en rangeant définitivement le ticket cartonné aux archives. A compter de 2021, notre titre de transport deviendra plus intelligent et plus écologique. Il sera utilisable dans les trains de lointaine banlieue, son prix s'adaptera automatiquement et des milliers de tickets ne finiront pas jetés par terre par des voyageurs incivils ! Rassurez-vous, ce n'est pas la fin de l'histoire mais bien au contraire l'ouverture d'un nouveau chapitre. Comme toutes les vénérables institutions, le ticket de métro sait vivre avec son temps et pendant longtemps encore Grégoire Thonnat pourra continuer de nous conter avec gourmandise les anecdotes de sa *Petite histoire du ticket de métro parisien.*

Valérie Pécresse

Présidente de la Région Ile-de-France et d'Ile-de-France mobilités (IDFM)

Introduction

Le ticket de métro de Paris est né le 19 juillet 1900 avec l'inauguration de la première ligne de métro. Il a donc bientôt 120 ans. Avant que l'ère de la dématérialisation ne le fasse disparaître de notre quotidien, il m'a semblé intéressant d'essayer de retracer les principales étapes de son évolution, qui sont liées aux changements des modes de vie des Parisiens et des Franciliens.

Objet du quotidien de millions de voyageurs, le ticket de métro remplit finalement de nombreux rôles.

C'est bien naturellement un titre de transport à la fois pratique, économique et on lui a découvert plus récemment des valeurs écologiques.

Il a bien sûr un rôle économique non négligeable. Il se vend près de 600 millions de tickets par an. Ses ventes génèrent des recettes qui couvrent une partie des frais de fonctionnement et de modernisation du réseau de transport en commun d'Île-de-France.

Il a acquis un rôle politique et médiatique. L'évolution de ses tarifs est devenue un enjeu fort lors des campagnes électorales. Il est mis régulièrement sur le devant de la scène médiatique lorsqu'un homme politique se fait piéger (de manière quelque peu démagogique) sur son prix.
Enfin, pour les touristes qui visitent notre capitale il est depuis longtemps une de ses petites icônes. Il n'est pas rare que des tickets se retrouvent dans les albums de voyages avec une valeur mémorielle et symbolique forte. De ce fait son statut d'icône a aussi fait de lui une source d'inspiration créative pour de nombreux artistes.
On le voit bien, le ticket de métro est indispensable à plus d'un titre pour des millions de personnes. Il mérite donc bien aujourd'hui qu'on lui consacre pour la première fois un livre.

Grégoire Thonnat, La Garenne-Colombes, juin 2019

Et tout commença le 19 juillet 1900 …

Le XXᵉ siècle s'ouvre à Paris sur l'Exposition universelle de 1900. Paris se doit d'être le reflet des richesses culturelles, artistiques, technologiques et industrielles françaises. Depuis deux ans, la construction de la première ligne de métro est en cours sous la direction de l'ingénieur Fulgence Bienvenüe. Elle s'achèvera à temps pour être inaugurée en plein cœur de l'Exposition universelle. C'est dans l'indifférence générale et par une chaleur caniculaire (il fait 38 °C) que le 19 juillet 1900 à 13 heures est inaugurée la première ligne.

Cette première ligne qui porte déjà le n° 1 traverse Paris de la Porte Maillot à la Porte de Vincennes. Elle comprend 18 stations (seulement 8 seront ouvertes au public le premier jour, les autres ouvriront progressivement dans les semaines suivantes) sur une distance d'un peu plus de 10 kilomètres que l'on parcourt en 30 minutes environ. Aux heures « d'affluence », la fréquence des trains est de 10 minutes !

Ticket à l'unité de 1re classe émis la première heure du jour de l'inauguration de la première ligne le 19 juillet 1900 – format 30 × 57 mm.

La foule se presse à la station Bastille le 19 juillet 1900, jour de l'inauguration de la première ligne qui relie la Porte Maillot à la Porte de Vincennes.

Première ligne, premier ticket de métro !

Dès le 19 juillet 1900, la toute nouvelle Compagnie du chemin de fer métropolitain de Paris (CMP) propose à ses voyageurs trois tarifs. Les tickets sont vendus à l'unité ou en carnet. Les tickets à l'unité sont de format vertical alors que les tickets de carnet sont de format horizontal et insérés dans un petit étui cartonné. Les ventes de tickets à l'unité resteront durant de très nombreuses années plus significatives que les ventes en carnet.

Afin de bien les différencier entre eux, chaque tarif bénéficie d'une couleur distincte :

- rose pour les billets de 1re classe, vendus au prix de 25 centimes ;
- crème pour les billets de 2e classe, vendus au prix de 15 centimes ;
- vert pour les billets aller et retour vendus au prix de 20 centimes et valables à l'aller avant 9 heures et pour un retour effectué le même jour.

Les enfants âgés de moins de quatre ans ne payent pas « à la condition qu'ils voyagent sur les genoux de la personne accompagnante », comme on pouvait le lire dans les guides d'informations de l'époque.

Les tarifs sont identiques à ceux perçus dans les tramways et les omnibus circulant dans Paris intra-muros. Le jour de l'inauguration, 30 000 tickets sont vendus. À la fin de l'année 1900, le métro a déjà transporté plus de 17 millions de voyageurs. Dès sa première année d'exploitation le métro est un succès !

Ticket de carnet de 2e classe (deuxième type d'impression) – 1903 – format 65 × 30 mm.

Prix du ticket de 2e classe en 1900 : 15 ct

Carte postale colorisée représentant l'accès de la station de métro Bastille (dessiné par l'architecte Hector Guimard).
Ce bâtiment, surnommé « la Pagode », a malheureusement été détruit dans les années 60.

Ticket de carnet de 1re classe – 1903 – format 60 × 30 mm.

Ticket de carnet de 2e classe – 1903 – format 60 × 30 mm.

1900 Ticket : mode d'emploi !

Les tickets sont vendus dans chacune des stations du réseau par un bureau avec guichet.
Le « receveur » du bureau dispose d'une machine auto-imprimante (de type Soulage) qui assure l'impression immédiate et la délivrance des différents types de tickets. Puis les tickets sont poinçonnés au « portillon » c'est-à-dire à l'entrée du quai où se tient un autre agent qui sera surnommé par les Parisiens « le poinçonneur ». Il est armé d'une pince qui perfore le ticket et imprime le numéro du jour de l'année (01, 02, 03 jusqu'à 365). Ce système va durer près de 75 ans.

Dès son origine, le ticket porte différentes indications : le nom de la société d'exploitation (la CMP), la classe (1re ou 2e), le prix, la date et l'heure de délivrance, ainsi qu'un numéro de série. Ce principe rend donc chaque ticket unique.

Le format d'un ticket en carnet est de 65 × 30 mm et de 30 × 57 mm pour les billets vendus à l'unité. Les premiers carnets sont pliés en accordéon et conditionnés dans un étui carton. Après quelques années, ils ne sont reliés que par une simple couture.

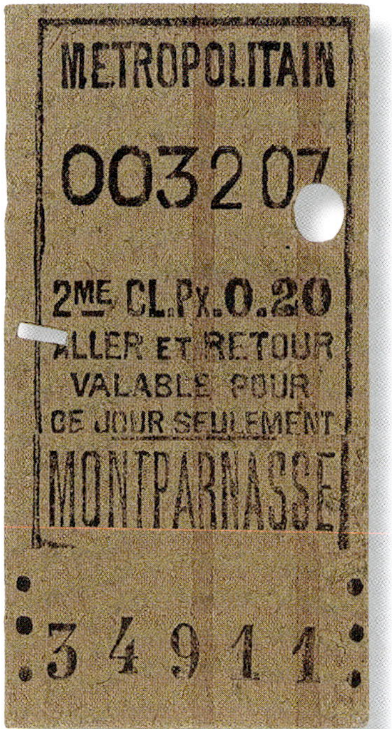

Ticket à l'unité valable pour un aller et retour émis à la station Montparnasse – format 30 × 57 mm.

Carte postale des années 1900 représentant le guichet d'une des premières gares souterraines du métro.

Tickets à l'unité de 1re et 2e classe, émis aux stations Sèvres-Lecourbe et Place d'Italie dans les années 1910 – format 30 × 57 mm.

1903 Le drame de Couronnes

Trois ans seulement après son inauguration, le métropolitain connaît la plus grande catastrophe de son histoire. Le 10 août 1903, un banal court-circuit provoque un début d'incendie dans une rame – en bois à l'époque. Le personnel de la CMP fait alors descendre les voyageurs sur le quai de la station Couronnes. Le chef de train, par sécurité, demande aux voyageurs présents sur le quai d'évacuer la station. Les voyageurs, agacés par ce retard, protestent et refusent : ils ont « payé leurs tickets », ils exigent de poursuivre leur voyage. Mais l'incendie redémarre et une épaisse fumée envahit alors les quais de la station, masquant l'escalier de sortie. Dans un mouvement de panique une partie des voyageurs se ruent à l'extrémité du quai… celle où il n'y a pas de sortie. Le drame fera plus de 80 morts. À la suite de cet accident la CMP prendra toute une série de mesures visant à renforcer la sécurité de manière à rendre impossible un pareil drame.

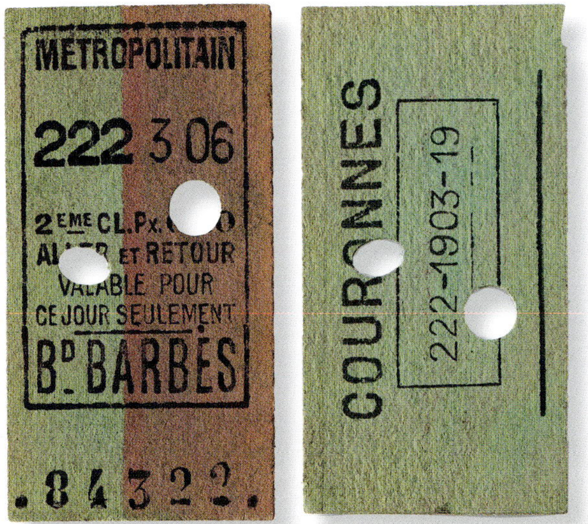

Ce ticket a été remboursé à la station Couronnes le 10 août 1903. Il est donc fort probable qu'il ait appartenu à un des voyageurs rescapés de ce dramatique événement – 1903 – format 57 × 30 mm.

Ci-dessus :
Carte postale
de la foule
à la sortie
de la station
Couronnes, le jour
du drame – 1903.

Illustration de
l'évacuation
des victimes du
drame de la
station Couronnes
– 1903.

Le réseau en 1906

En 1906, un ticket de métro donne déjà accès à plus de 30 km de lignes. Pour cette seule année le métro transporte plus de 200 000 000 de voyageurs.

Carte postale des années 1900 représentant l'intérieur d'une station où l'on remarque que l'éclairage y est pour le moins discret !

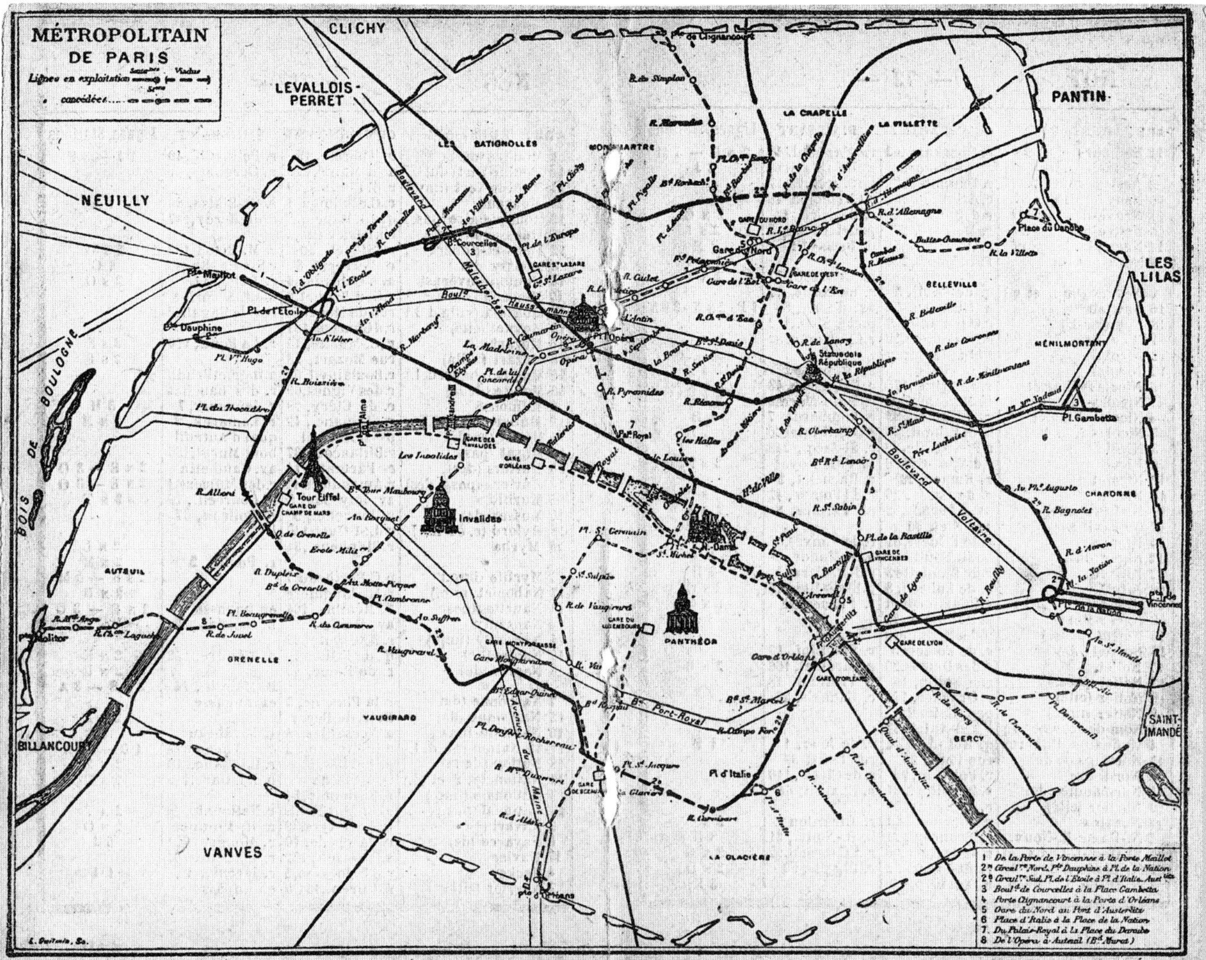

Plan du métro de 1906 où l'on voit apparaître en pointillé les lignes en construction à l'époque.

1910 La compagnie Nord-Sud

Détail du carrelage qui habille les murs de la ligne Nord-Sud.

Parallèlement au développement de la Compagnie du chemin de fer métropolitain, une nouvelle concession est attribuée en 1905 par la Ville de Paris à la société Berlier-Janicot. Cette dernière construit son propre réseau desservant un axe Nord-Sud, donnant ainsi son nom à la compagnie. La première ligne (l'actuelle ligne 12 Mairie d'Issy – Porte de la Chapelle et une partie de la ligne 13) est ouverte au public en 1910.

Ce n'est que le 5 novembre que la ligne sera inaugurée, la grande crue de janvier 1910 ayant inondé une partie du réseau métropolitain et par conséquent ralenti les travaux de construction du Nord-Sud.

Le prix du billet de la ligne Nord-Sud est aligné sur les tarifs de la CMP et ils sont valables sur le réseau de la CMP. Malgré ses efforts cette compagnie ne connaîtra jamais l'équilibre financier et finira par être absorbée par la CMP en 1930.

Accès Nord-Sud de la station Rue du Bac dans les années 1900.

Ticket de carnet et ticket aller et retour de 2e classe Nord-Sud – années 1910 – 30 × 57 mm..

1919 Première augmentation après 19 ans !

En janvier 1919, une grève générale éclate au sein de la CMP. Elle aboutira entre autres pour le personnel de la CMP à une réduction du temps de travail, soit une journée de 8 heures. Cette mesure aura donc deux conséquences : l'embauche d'agents supplémentaires et la première augmentation du ticket de métro.
Après 19 ans de stabilité, le prix du ticket de métro connaît alors sa toute première augmentation. Le ticket de seconde classe passe à 20 centimes, celui de première à 30 centimes et l'aller et retour à 25 centimes.

Prix du ticket de 2e classe en 1919 : 20 ct

Manifestation des terrassiers du métro pour la journée de 8 heures.

Tickets de carnet de 1re et de 2e classe avec l'ajout en surcharge du nouveau prix de 30 et 20 centimes – 1919 – format 60 × 30 mm.

Le réseau en 1923

Comme le montre ce plan du réseau, les Parisiens en 1923 ont déjà à leur disposition un réseau de 10 lignes de métro qui assurent une bonne couverture de la capitale. Le nombre de voyageurs transportés pour l'année 1923 est de plus de 700 000 000.

Il avance donc, descend encore divers escaliers, donne à poinçonner sa carte à une dame appelée portillon, un peu plus bas glisse entre deux gencives gigantesques (qui tout à l'heure se resserreront) et se trouve enfin sur les rives d'un fleuve de fer et d'électricité. Il commence aussitôt à aller et venir et parfois s'assied dans une odeur anisée, sous une lumière discrète, entre des céramiques vaguement luisantes. […] Ici le train arrive. Plus d'un voyageur assis, qui l'a deviné, s'est levé depuis quelques instants, sans faire semblant.

Jean Paulhan
La métromanie (extraits)

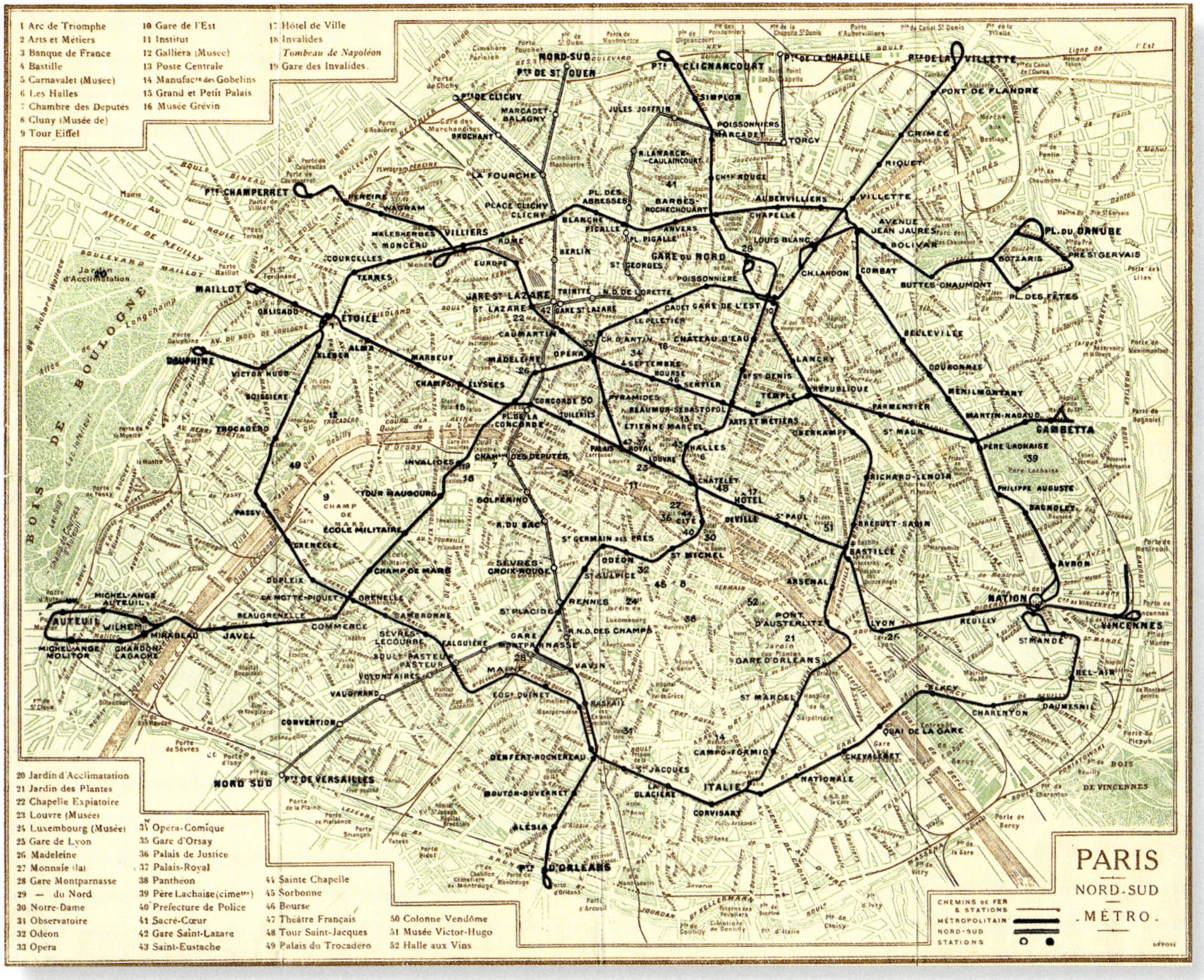

Plan de 1923 avec les lignes de la CMP et du Nord-Sud.

1925 L'alphabet tarifaire

En 1925, afin d'anticiper les futures augmentations, est instauré un système d'« alphabet tarifaire » permettant d'identifier clairement les tickets. À partir de cette date, chaque modification de tarif sera matérialisée par une nouvelle lettre.

Celle-ci sera (en principe) alternativement en caractère « plein » et « éclairé ».

Ce système va perdurer jusqu'au début des années 70.

En 1925 le prix du ticket de tarif A est de 45 centimes pour la 2e classe, de 75 centimes pour la 1re classe tandis que l'aller et retour passe à 55 centimes.

En août 1926, le prix du ticket de métro connaît une nouvelle augmentation. On passe au tarif B. Quelques semaines plus tard, c'est à la lettre C de faire son apparition sans changement de tarif car les stocks de ticket B pré-imprimés étaient épuisés.

Le prix du ticket de lettre C était alors de 1 franc pour un billet de 1re classe et 60 centimes pour un ticket de 2e classe.

Ambiance d'un quai de métro dans les années 20 (station Reuilly-Diderot).

Couverture de l'hebdomadaire humoristique Le Pêle-Mêle – *1926.*

Prix du ticket de 2e classe en 1925 : 45 ct

Ticket de carnet de 1re classe – tarif A – format 57 × 30 mm. Comme cela arrive à certains tickets, ils ont une deuxième vie. Celui-ci a servi de marque-page dans un livre de la bibliothèque de l'École normale supérieure où il y a dormi durant 85 ans.

1930 12 ans après la Grande Guerre, les mutilés ont leur tarif

Sous la pression des puissantes associations d'anciens combattants de la Grande Guerre, la CMP crée une tarification spéciale « Mutilés de guerre » à l'occasion du passage au tarif D. Le ticket de 1re classe passe à 1,15 franc et celui de seconde passe à 70 centimes. Les mutilés ne paieront leur ticket que 60 centimes, sur présentation de leur carte de priorité bien sûr. C'est en 1931 que le métro connaît alors une forte progression de sa fréquentation due à la tenue de l'Exposition coloniale organisée sur le site du bois de Vincennes, sous la direction du maréchal Lyautey.

Ticket de carnet tarif D « Mutilés de guerre » – 1930 – format 62 × 30 mm.

Prix du ticket de 2e classe en 1930 : 70 ct

Manifestation d'associations de mutilés de guerre à Paris dans les années 30.

Ambiance d'une rame de métro dans les années 30 et 40

Durant plus de 75 ans, l'exploitation du métro de Paris fut assurée avec des trains à équipement « Sprague Thomson », baptisés familièrement « Sprague » par le personnel du métro. Pour un grand nombre de Parisiens, ce matériel évoque le métro d'avant-guerre. Ces voitures si caractéristiques d'une époque étaient pour la plupart de couleur verte en seconde classe et rouge en première classe. Elles avaient notamment comme particularité d'être équipées de banquettes en bois pour les voitures de seconde classe alors que les voitures de première classe bénéficiaient de banquettes en cuir.

À l'intérieur de ces voitures on pouvait notamment lire les informations suivantes : « défense de fumer et de cracher » et la mention « 32 voyageurs assis, 82 voyageurs debout », notion évidemment très relative aux heures de pointe. Les dernières rames ont été retirées du service régulier en 1983. Il reste aujourd'hui quelques exemplaires roulants qui sont conservés par la RATP et également par des associations de passionnés de chemin de fer (notamment l'ADEMAS).

Une de ces rames a même été inscrite à l'inventaire supplémentaire des monuments historiques. Il leur arrive encore d'être de sortie « exceptionnelle » sur le réseau pour des commémorations et également pour les tournages de films d'époque.

-METRO-

Logo de la fin des années 30.

Vue intérieure d'une voiture « Sprague Thomson » dans les années 40. Ce matériel d'une exceptionnelle robustesse a été mis en circulation dans les années 30. La dernière rame sera retirée du service en avril 1983.

Merci !
PRÉ St GERVAIS
Pl. du Danube
PORTE de la VILLETTE
LIGNE 7
Tolbiac
Porte d'Italie
Porte de Choisy
PORTE d'IVRY

Borne ou tambour au bas des marches sous les voûtes, au débouché des couloirs dans l'entrelacs du labyrinthe. Une sentinelle assise dans sa guérite, sa demi-guérite, son quart de guérite contre les courants d'air. Un calot de soldat lui donne un aspect de concierge mobilisée. Numéro matricule pour la compagnie. Dans sa main droite un casse-noix fait des trous automatiquement au bord des cartons d'usage lorsqu'un être anonyme, après un autre venu des surfaces extérieures, se présente pour voyager sous la terre. La dame du portillon ne parviendra jamais à terminer la chaussette de laine qu'elle tricote pour quelqu'un de sa famille depuis des années. Chaque voyageur cependant n'est pour elle qu'un confetti. La dame du portillon vit sans joie près d'un petit tas de confettis.

Marcel Sauvage
La dame du portillon
Œuvre d'or – 1935

Vues intérieures des voitures de 1re et de 2e classe.

Rame « Sprague Thomson »
à la station Gare de l'Est en 1943.

Poinçonneuse dans sa guérite de contrôle, dans une station du métro aérien – 1948.

Les poinçonneurs

Dès l'inauguration de la première ligne de métro, les voyageurs doivent faire poinçonner leurs tickets par un surveillant de contrôle, le « poinçonneur » qui se trouve à l'entrée du quai. Un second agent, posté dans les wagons de première, contrôle les billets à l'aide d'une pince dont l'empreinte est spécifique à chaque ligne. Durant la guerre de 1914-1918 ces postes sont progressivement occupés par des femmes pour remplacer les hommes mobilisés.

L'invention du ticket à bande magnétique en 1968 et l'installation de composteurs à tourniquet à partir de 1973 sonnent le glas du poinçonneur. De ce métier difficile car répétitif, il nous reste à l'esprit la chanson du « Poinçonneur des Lilas » de Serge Gainsbourg.

Il existe également un film de 1965 où Bourvil incarne un sympathique poinçonneur du métro. Ce film, *La Grosse Caisse*, peu connu du grand public, illustre bien le travail quotidien de ce type de personnel.

L'outil de travail du poinçonneur : la pince de contrôle Klein – modèle 1929.

Poinçonneur et poinçonneuses à l'entrée du quai à la station Porte d'Italie. On estime en moyenne à 3 500 le nombre de trous faits par un poinçonneur en une journée de travail – 1945.

1937 Le ticket de 2e classe à 1 franc… ancien !

En moins de quatre mois le ticket connaît deux augmentations successives, sans doute dues à l'impact financier des grands acquis sociaux de 1936 dont ont bénéficié les employés de la CMP (congés payés, semaine de 40 heures). On passe à la lettre E le 31 mai puis à la lettre F le 9 août. Le seuil symbolique de 1 franc pour le ticket de 2e classe est atteint. Le billet de 1re passe à 1,50 franc et le billet aller et retour à 1,25 franc.

1937, l'Exposition internationale de Paris s'étend alors sur les rives de la Seine, du pont de Passy à la Concorde. Le réseau du métro connaît à cette occasion quelques évolutions. On améliore l'éclairage dans les stations, qui au vu des photos de l'époque était plus que sinistre auparavant. On commence également à installer dans certaines stations des cabines de téléphone. Grâce à la fréquentation de l'Exposition internationale le nombre de voyageurs transportés pour l'année atteint un pic de 850 000 000.

Tickets de carnet de 2e classe, tarifs E et F – 1937 – format 62 × 30 mm.

Vue de l'Exposition internationale depuis le parvis du Trocadéro – 1937.

Prix du ticket de 2e classe en 1937 : 1 F

Ticket combiné de 2e classe aller et retour pour l'entrée de l'Exposition internationale de Paris – 1937 – format 114 × 40 mm.

Le ticket support publicitaire

Dès sa création le ticket, grâce à sa forte diffusion, donne aux publicitaires l'idée d'en faire un support de « réclame ». Voici quelques exemples qui, au vu de la longévité des marques, ont eu l'effet publicitaire escompté !

1950

1925

Versos publicitaires de tickets de 1re et de 2e classe.

Quai de la station Opéra habillé de « réclames » – 1955.

DIRECTIONS
PRÉ SAINT GERVAIS
PORTE DE LA VILLETTE
1re CLASSE
DÉFENSE
DE
STATIONNER
TRICOTS NOUNOU
UN BEAU JOUR...POUR LE LINGE
IL A BOUILLI AVEC
OMO
OPÉRA
LIGNE DE SCEAUX
St Raphael quinquina
St Raphael quinquina
St Raphael quinquina
St Raphael quinquina

1903

1951

1910

1950

1947

Versos de tickets de 1re et de 2e classe. Les tickets ont servi de support publicitaire, quasiment dès leur apparition et jusque dans les années 50.

1951

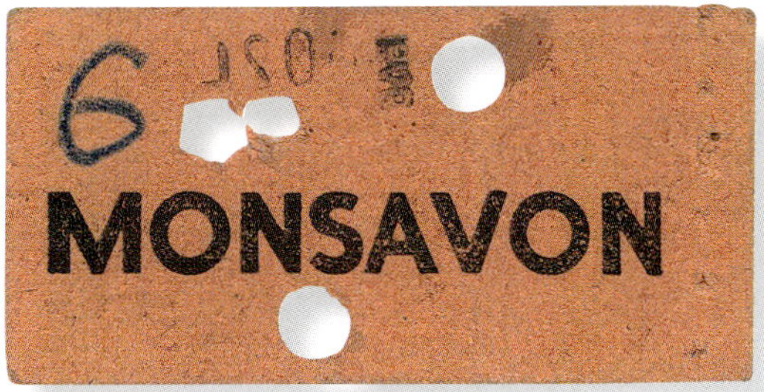

1948

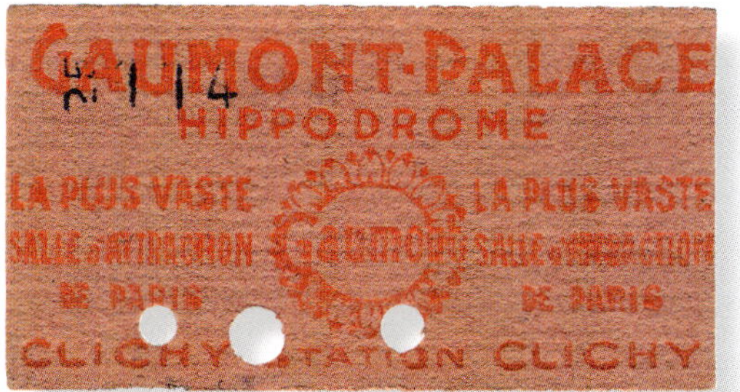

1912

1905

1948

1938 Tarifs G et H

L'année 1938 sera marquée pour les Parisiens par la disparition de la dernière ligne de tramway. Il faudra attendre près de cinquante ans pour que l'on redécouvre ce moyen de transport et qu'il refasse son apparition au début des années 1990. C'est le 1er janvier 1938 qu'apparaît le tarif G et le prix passe alors à 1,10 franc pour un billet de 2e classe, à 1,60 franc pour un billet de 1re et à 1,35 franc pour un billet aller et retour. C'est aussi le même jour que l'État décide de fusionner les différentes sociétés de chemin de fer privées pour créer une grande entreprise nationale : la SNCF.

C'est à cette époque que pour la première fois on se pose la question de la qualité de l'air dans le métro. Le résultat des tests vise à mesurer la présence de CO_2 dans l'air du métro en les comparant à d'autres lieux de la capitale. On y apprend donc que le métro est, avec le sommet de la tour Eiffel et une rue du 4e arrondissement, un des trois premiers lieux où il y a le moins de teneur en CO_2 alors que les ateliers de couture et les réunions publiques sont les lieux ayant les plus forts taux de CO_2...

À la fin de l'année 1938 le tarif H met le ticket de 2e classe au prix de 1,30 franc et celui de 1re classe au prix de 1,90 franc.

Prix du ticket de 2e classe en 1938 : 1,30 F

Ticket de carnet de 2^e classe tarif G – 1938 – format 57 × 30 mm.

Ticket de carnet de 2e classe tarif H – 1938 – format 57 × 30 mm. Ce ticket a conservé le fil qui servait à lier entre eux les tickets d'un carnet.

Le réseau en 1939

À la veille de la Seconde Guerre mondiale, le réseau du métro compte 14 lignes qui représentent 160 kilomètres de voies. En septembre 1939, pour faciliter le départ des hommes mobilisés, le métro fonctionne nuit et jour durant plusieurs semaines. Mais très vite, l'absence du personnel mobilisé oblige la CMP à réduire l'exploitation du métro en fermant des stations et en arrêtant même le service sur un certain nombre de tronçons de lignes et notamment les tronçons aériens trop vulnérables en cas de bombardement.

Quatre stations n'ont jamais été réouvertes depuis 1939 : Arsenal (située sur la ligne 5 entre les stations Sully-Morland et Quai de la Rapée), Champ-de-Mars (située sur la ligne 8 entre les stations École Militaire et La Motte-Picquet-Grenelle), Croix-Rouge (située sur la ligne 10 entre Sèvres-Babylone et Mabillon) et Saint-Martin (située sur les lignes 8 et 9 entre les stations Strasbourg-Saint-Denis et République).

Lorsque les troupes allemandes entrent dans Paris le 14 juin 1940, le métro fonctionne encore... mais avec un trafic équivalent à celui de 1903.

La mobilisation générale à Paris – septembre 1939.

Plan de 1939
où l'on apprend
notamment
qu'un usager de
l'époque parcourt
7 000 kilomètres
en un an
en ne subissant
qu'un retard
d'une minute par
1 000 kilomètres
parcourus !

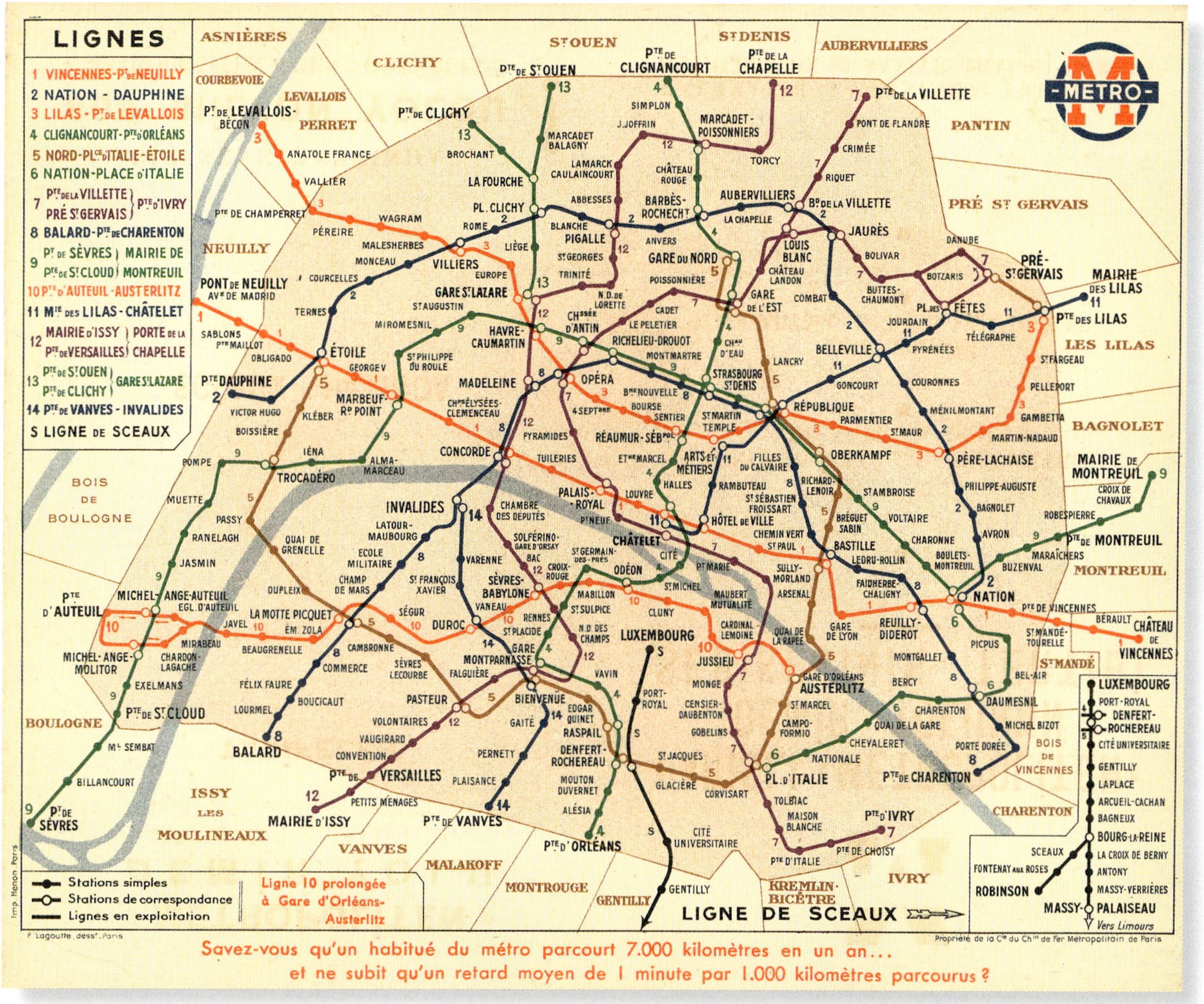

1941 La « carte hebdomadaire de travail »

En 1941 le trafic de voyageurs dépasse le chiffre du milliard de voyageurs transportés ! La disparition quasi totale des voitures particulières, due à l'absence de pneus et surtout d'essence, et donc également la quasi-disparition du réseau de bus, sont les raisons essentielles de cette forte augmentation. Pour se déplacer dans la capitale les Parisiens n'ont plus le choix qu'entre la marche à pied, le vélo et le vélo-taxi ou le métro.

En août 1941 les billets aller et retour sont supprimés au profit de la « carte hebdomadaire de travail », valable pour 12 voyages, dont le prix est alors fixé à 10 francs.

Les premières cartes hebdomadaires mises en circulation ont un format de 135 × 100 mm mais là encore les restrictions de papier obligent de nouveau à en réduire le format à deux reprises.

En cette période sombre où le charbon, tout comme l'utilisation de gaz de ville, sont fortement rationnés, les Parisiens trouvent dans le métro la chaleur qu'ils n'ont pas chez eux. Certaines stations, les plus profondes, servent d'abri lors des alertes durant les attaques aériennes. Pour toutes ces raisons, il fait donc bon être dans le métro à cette époque !

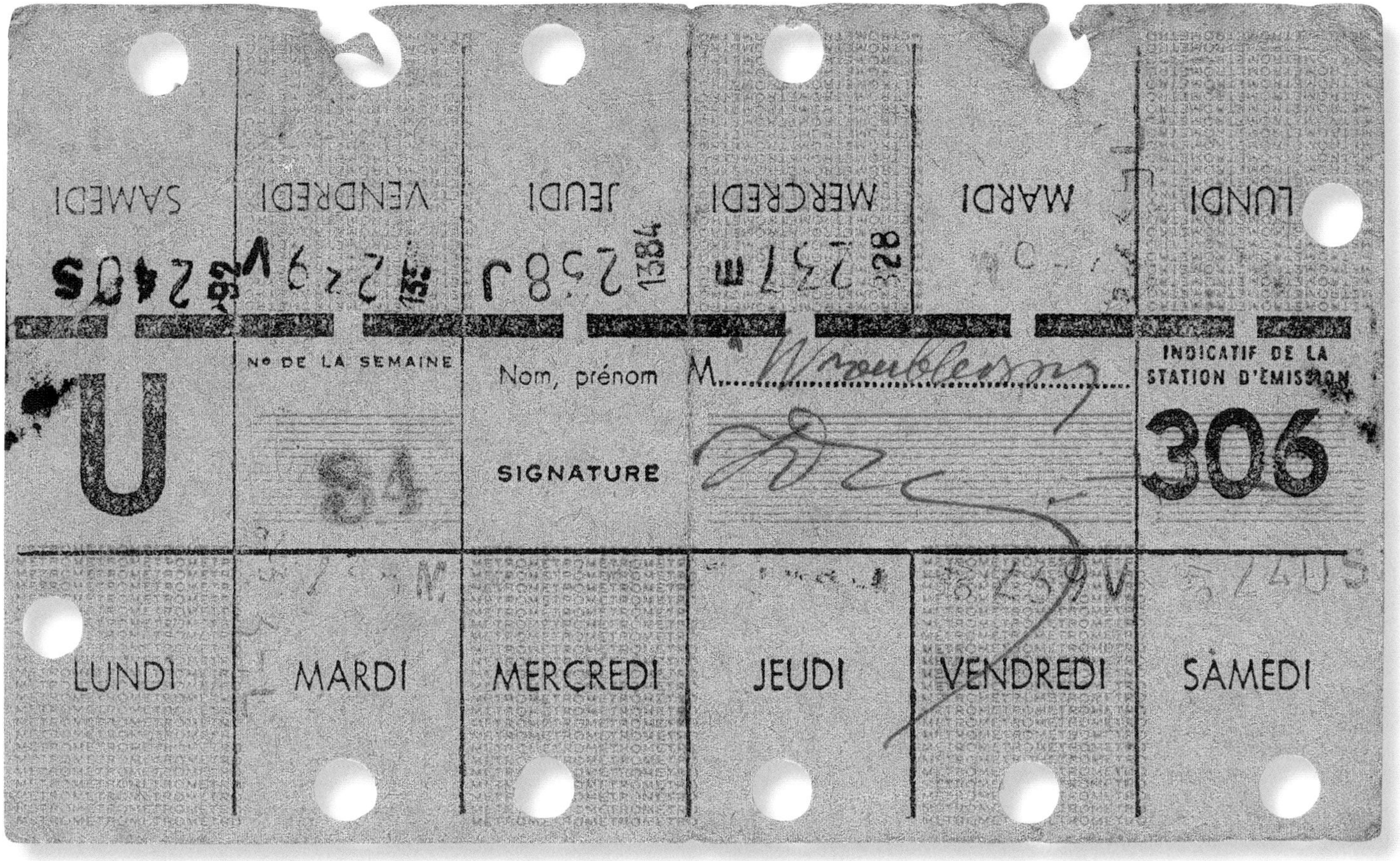

Carte hebdomadaire de travail – 1941 – format 135 × 80 mm.

La bonne et douce chaleur du métro
Dehors il pleut il vente il neige
Il y a du verglas il y a de la boue
Il y a des ouatures qui veulent vous mordre
Et puis voilà le métro qui vous attend la bouche ouverte
Oh ! La bonne douce haleine
On descend gaiement l'escalier
Il fait de plus en plus chaud
On oublie la pluie le vent la neige
Le verglas la boue les ouatures
Une femme charmante ou un bon noir
Fait un petit trou bien rond
Dans votre rectangle de carton
Et vous voilà bien au chaud
Dans la bonne et douce chaleur du métro

Raymond Queneau
« Les entrailles de la terre » – *Courir les rues* – 1967.

Parisiens réfugiés durant une alerte à la station Pyrénées aménagée du fait de sa grande profondeur en abri antiaérien. Conseil pratique : ne pas oublier son journal... afin de s'asseoir sans risque sur les rails couverts de graisse – 1944.

PYRENEES
PYRENEES

Le jour où la carrière d'Albert Camus aurait pu s'arrêter

Le destin de ce grand écrivain a failli basculer dans le métro durant l'Occupation. À l'époque, il est un des responsables du journal clandestin *Combat* (organe de presse du mouvement de résistance éponyme). Alors qu'il prend le métro avec Maria Casarès, sa compagne de l'époque, il se trouve pris dans une rafle, comme cela arrivait souvent dans le métro. Le malheur voulut qu'il ait sur lui les épreuves d'un numéro du journal *Combat*. Constatant avec effroi que les Allemands fouillent systématiquement les hommes, il vit le drame arriver. Heureusement pour lui, Maria Casarès remarque que les Allemands ne fouillent pas les femmes et elle eut à ce moment-là le bon réflexe de lui prendre ses dangereux documents. Les Allemands fouillent Camus et laissent passer Maria Casarès.

La période noire du métro

Le métro lui aussi a connu sa période noire durant l'Occupation. Il ne faut pas oublier que même sur le réseau parisien le statut des Juifs promulgué par le régime de Vichy trouve son application : interdiction faite aux Juifs d'acheter un ticket de 1re classe et obligation de ne monter que dans la dernière voiture. Certains Parisiens surnommaient alors cette voiture « la synagogue ».

Les Allemands transforment la station Place des Fêtes (qui est une des plus profondes du réseau) en usine pour la fabrication de pièces d'avions et la station Buttes-Chaumont devient un bloc opératoire pour les soldats de la Wehrmacht. L'heure du dernier métro est fixée à minuit moins le quart pour respecter le couvre-feu. Il ne fait donc pas bon rater ce dernier métro sous peine de se retrouver pris comme otage avec l'éventualité de se retrouver devant un peloton d'exécution.

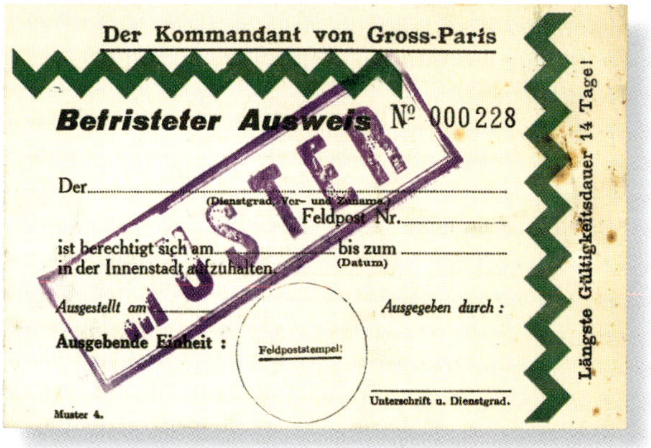
Der Kommandant von Gross-Paris

Befristeter Ausweis Nº 000228

MUSTER

Der ....
(Dienstgrad, Vor- und Zuname)
Feldpost Nr. ....

ist berechtigt sich am .... bis zum ....
in der Innenstadt aufzuhalten. (Datum)

Ausgestellt am .... *Ausgegeben durch :*

Ausgebende Einheit :

Feldpoststempel!

Unterschrift u. Dienstgrad.

Muster 4.

Längste Gültigkeitsdauer 14 Tage!

Ausweis permettant l'accès à l'ensemble du réseau et destiné au personnel en civil des troupes d'occupation. Les soldats allemands pouvaient, quant à eux, prendre le métro sans aucun autre justificatif que leur uniforme.

CHEMIN DE FER METROPOLITAIN DE PARIS

SERVICE DU MOUVEMENT

37

(T -071 a
) S -133 a
(Ls-125 a

Les voyageurs juifs, porteurs de l'insigne (Etoile jaune), institué par la 8ème Ordonnance des Autorités d'occupation, en date du 28 Mai 1942, ne sont pas admis à voyager en 1ère classe et doivent prendre place en 2ème classe dans la dernière voiture des trains.

En conséquence, les receveuses ne devront pas vendre de billets de 1ère classe à ces voyageurs.

Les surveillants de contrôle devront aviser les porteurs de l'insigne qu'ils ne peuvent voyager que dans la dernière voiture, en 2ème classe.

Les gardes ou contrôleurs qui en trouveraient en 1ère classe, ou les chefs de train dans leur voiture, devront les inviter poliment à monter en 2ème classe dans la dernière voiture, à la prochaine station.

Paris, le 6 Juin 1942

L'Ingénieur en Chef
du Service du Mouvement,
JUILLET.

Note de service interne de la CMP concernant l'application du statut des Juifs dans le métro – 1942.

Le temps s'est arrêté à Châtelet

Daniel Cordier est l'auteur d'ouvrages historiques sur Jean Moulin et la Résistance. Il est surtout le secrétaire de Jean Moulin de juillet 1942 jusqu'à son arrestation. Extrait de Alias Caracalla *de Daniel Cordier,*

"Mardi 22 juin 1943 : en fin d'après-midi, à 6 heures et demie, j'attends « Germain » sur le quai du métro Châtelet, direction Saint-Michel. Toutes les demi-heures, je rencontre mes camarades dans des stations différentes, échelonnées sur la ligne. C'est la méthode la plus efficace que j'aie trouvée pour voir le plus de monde en toute sécurité : elle allie vitesse et sécurité. [...] Assis sur un banc, j'attends donc « Germain ». [...] Une rame s'arrête. Germain en descend. Il est blême : « le patron ! ». Je comprends avant qu'il ajoute : « arrêté ». [...] Tel un boxeur sonné, je vacille, recule et me laisse tomber sur le banc. [...] Ma tête explose. Rex* ! Je ne peux pas le croire, et en même temps je le pressentais. [...] Les métros se succèdent. Je reste prostré sur le banc de la station Châtelet : les boches s'en sont pris à l'homme qui incarne la liberté."

* Pseudonyme de Jean Moulin dans la Résistance.

1943 Ticket I pour… économie !

Les restrictions imposées par l'Occupation s'appliquent également au ticket de métro. Afin de réduire les volumes de papier nécessaires à sa fabrication, on fait disparaître les carnets de 10 tickets au profit de carnets de 5 tickets, chacun « valable pour 2 voyages ». Assez rapidement un problème apparaît sur la notion de ticket valable pour deux voyages. Certains usagers les interprètent comme des tickets valables pour deux personnes. Problème ! On modifie donc rapidement l'intitulé en « billet individuel pour deux voyages successifs ».

Les noms de stations de métro de Paris ont inspiré de nombreux résistants lorsqu'ils ont pris un nom de guerre pour entrer dans la clandestinité. C'est notamment le cas d'André Dewavrin qui fut le chef des services secrets de la France Libre et plus connu sous le nom de « Colonel Passy ». C'est également le cas de François Mitterrand qui, lorsqu'il était résistant, se faisait appeler François Morland.

Le prix du ticket de 2e classe coûte toujours 1,30 franc et celui de 1re classe 1,90 franc.

Tickets de carnet de 2e classe lettre I – première version « valable pour un voyage », deuxième version « valable pour deux voyages » et troisième version « valable pour deux voyages successifs » – 1941 – format 57 × 30 mm.

Entrée de la station Opéra durant l'Occupation.

6099 S
MÉTROPOLITAIN
2me Classe
Billet individuel
Valable pour 2 voyages successifs
62029

Des p'tits trous... des grands trous

En 1943, un changement « singulier » intervient dans le compostage du ticket. Le trou effectué par les poinçonneurs est agrandi ! Il passe de 4 millimètres à 6 millimètres.
Pourquoi, en pleine période d'Occupation, une idée aussi saugrenue vient-elle à l'esprit des responsables de l'époque ? Une hypothèse expliquerait peut-être ce choix. Des adeptes du « système D » très en vogue à l'époque, soucieux d'économiser jusqu'à leur ticket de métro, maquilleraient leurs tickets usagés en tickets neufs en remplissant le trou du compostage avec de la mie de pain aplatie. En agrandissant donc la taille du trou de compostage, la supercherie n'est plus possible.
En plus du compostage fait par les poinçonneurs lors de l'entrée en station, un autre contrôle est effectué par un agent qui se trouve en permanence dans la voiture de 1re classe. Ce n'est qu'après 1945 que l'on supprimera ce poste pour le remplacer par des agents volants. Chaque ligne avait une forme de trou spécifique. En voici le détail :

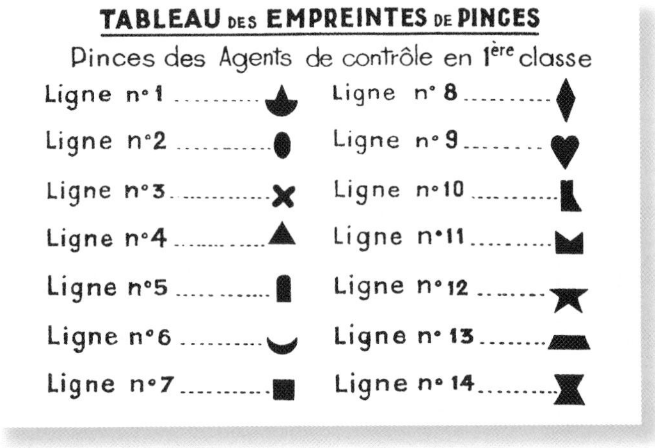
TABLEAU DES EMPREINTES DE PINCES

Pinces des Agents de contrôle en 1ère classe

Ligne n° 1	Ligne n° 8 ....
Ligne n°2	Ligne n° 9 ....
Ligne n°3	Ligne n°10 ....
Ligne n°4	Ligne n°11 ....
Ligne n°5	Ligne n° 12 ....
Ligne n°6	Ligne n° 13 ....
Ligne n°7	Ligne n° 14 ....

Contrôle des billets en voiture de 1re classe dans les années 40.

avant 1943

J' suis l' poinçonneur des Lilas
le gars qu'on croise et qu'on n' regarde pas
Y'a pas d'soleil sous la terre
Drôle de croisière
Pour tuer l'ennui j'ai dans ma veste
Les extraits du Reader Digest
Et dans c' bouquin y a écrit
Que des gars s' la coul'nt douce à Miami
Pendant c' temps que je fais l' zouave
Au fond d' la cave.
Paraît qu'il n'y a pas d' sot métier
Moi j' fais des trous dans des billets
Des trous d' second' classe
Des trous d' premier' classe
J' fais des trous des p'tits trous encor' des petits trous
Des p'tits trous des p'tits trous toujours des p'tits trous …

Serge Gainsbourg
Le poinçonneur des Lilas (extraits) – 1958.

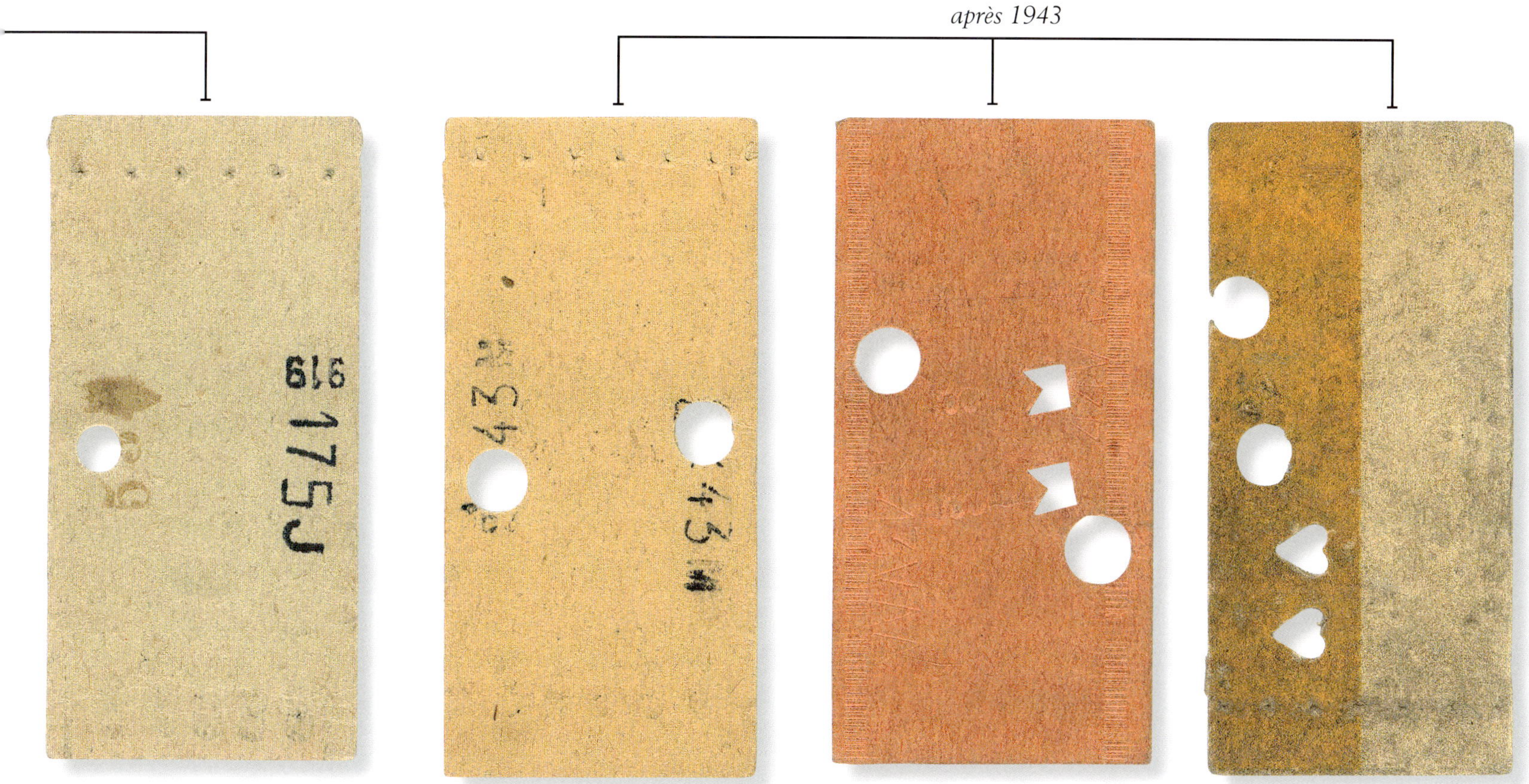

Versos de tickets de 1re et de 2e classe avec différents exemples de trous de compostage.

Le ticket de la liberté
pour Juliette Gréco

En septembre 1943, les deux sœurs Gréco, Juliette (16 ans) et Charlotte (19 ans), en revenant dans leur maison de Bergerac, découvrent que leur mère a été arrêtée par la Gestapo. Elle leur avait donné la consigne « en cas de malheur » de quitter leur maison de Dordogne et de venir à Paris. Une fois à Paris, les deux sœurs se rendent sous la direction de Charlotte à un mystérieux rendez-vous place de la Madeleine. C'est à ce moment qu'elles sont toutes les deux arrêtées par la Gestapo qui les avait sans doute suivies depuis Périgueux. Interrogées et tabassées, elles sont transférées à la prison de Fresnes où Juliette passe plusieurs semaines. Un matin d'octobre, on l'emmène à nouveau au siège de la Gestapo ; on lui annonce alors qu'elle est libre. Juliette se retrouve donc seule et sans aucunes ressources dans le Paris de l'Occupation. Il ne lui reste, du peu d'affaires qu'on lui a remis, que son sac au fond duquel elle retrouve un ticket de métro valable pour deux voyages déjà composté une fois. Elle se souviendra qu'une de ses anciennes professeurs et amie de sa mère habite Paris. Grâce à ce ticket encore valable pour un voyage, elle pourra la rejoindre dans une pension de famille à Saint-Germain-des-Prés. Elle y restera, protégée, jusqu'à la Libération.

1944 Le ticket de la Libération

Le ticket de tarif J naît le 1er avril 1944. Il sera celui d'un Paris libéré. Les semaines qui précèdent la Libération sont le théâtre d'événements qui éprouvent fortement le réseau métropolitain. Les bombardements anglo-américains font subir de nombreux dommages et rendent précaire le trafic. Dans les jours de tension extrême qui précèdent la libération de la ville, survenue le 25 août, le service est même totalement interrompu, ce qui n'est jamais arrivé depuis 1900. Malgré cela, le métro rend encore service, puisque certains de ses tunnels servent aux résistants pour communiquer durant les combats de la Libération. Ce n'est qu'à partir de septembre que le trafic reprend progressivement.

Tickets de carnet de 1re et 2e classe valables pour deux voyages successifs – 1944 – format 57 × 30 mm.

Scène de liesse populaire sur la place de la Concorde lors de la Libération de Paris, en août 1944.

1945 Le ticket du “GI”

Avec la Libération et l'arrivée des Alliés dans la capitale, l'administration du métro, en concertation avec les représentants des troupes anglo-américaines, crée un ticket spécial pour les soldats présents dans la capitale.

15 mars 1945 : la lettre K apparaît. Le prix du billet de 2e classe est à 2 francs, celui de 1re classe à 3,50 francs. La carte hebdomadaire de travail à 15 francs.

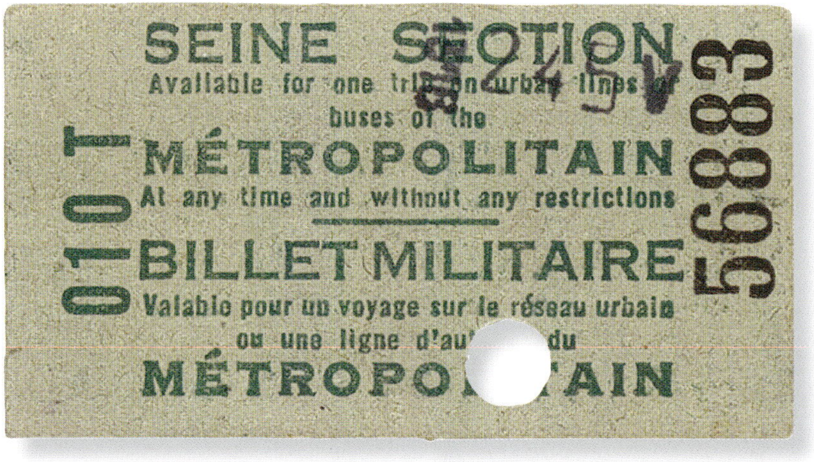

Recto et verso de ticket militaire en version bilingue – 1945 – format 56 × 30 mm.

Prix du ticket de 2^e^ classe en 1945 : 2 F

GI prenant le métro pour faire son shopping parisien – 1945.

1946 Le ticket de tous les records

La France vient d'être libérée. Cependant, la période de rationnement ne s'arrête pas pour autant. Le retour à une vie quotidienne normale ne se fera que très progressivement sur les années d'après-guerre. Dans ce contexte, le métro reste encore le seul moyen de transport fiable et économique. Il connaît sa fréquentation la plus élevée, et à ce jour jamais atteinte ! En 1946, le réseau transporte 1,5 milliard de voyageurs.

Le 5 janvier 1946 on passe à la lettre L. Le prix du billet de 1re classe passe à 5 francs et ce n'est qu'un an après, le 2 janvier 1947, que le prix du billet de 2e classe passe à 4 francs.

Quai de la station Montparnasse à une heure d'affluence, en 1945.

Prix du ticket de 2e classe début 1947 : 4 F

Ticket de carnet de 2e classe valable pour deux voyages successifs – 1946 – format 57 × 30 mm. Les tickets portant cette lettre sont encore, à ce jour, les tickets qui ont été le plus vendus dans toute l'histoire du métro.

1947 Tarif unique pour tout le monde !

Le métro connaît un pic de fréquentation inégalé. C'est sans doute pour cette raison que l'administration du métro prend la décision de supprimer les 1re classe et permettre ainsi de gagner de l'espace dans les rames alors surchargées.
Le 2 janvier 1947, on supprime les tickets de 1re classe pour finalement les rétablir un peu moins de deux ans plus tard, le 1er décembre 1948. Le 24 novembre 1947, la nouvelle tarification « M » met le prix du ticket de tarif unique à 5 francs.

Aux heures pleines, le métro a l'air d'une carrière de cumin. Ventre à ventre, dos à dos ou dos à ventre, écrivains à serviette, commis porteurs de paquets, bourgeois confortables, fillettes et vieux messieurs, éphèbes et dames mûres, coincés en surnombre, jambes et bras enchevêtrés, serrés comme des fagots, se sont entraînés à apprendre dans ses wagons, comme dans un cours de jiu-jitsu, la familiarité appuyée, le laisser-aller sournoisement obligatoire, la lutte muette et subtile pour la place à prendre ou à garder, sans distinction de sexe, et tant d'autres anomalies dont nous avons failli mourir…

Léon-Paul Fargue
Déjeuners de soleil – 1942.

Prix du ticket de 2e classe fin 1947 : 5 F

Ticket de carnet de tarif M, en classe unique – 1947 – format 57 × 30 mm.

Petits instants de vie sur un ticket…

Un ticket de métro, cela peut servir à beaucoup de choses : noter une adresse, son trajet, un numéro de téléphone, une liste de courses, marquer la page d'un livre, faire une antisèche, etc. On retrouve donc parfois au dos des tickets des petits instants de vie…

Pourquoi le propriétaire de ce ticket a-t-il voulu se souvenir précisément de ce trajet pour avoir pris le soin de noter au dos : « billets pour conduire Toto à la gare du Nord le 8 février 1940 » ?

Vendredi 21 Février 1908
Gare du Nord
3025
Est
Orléans
29 - oct 38
MONCEA
31-1904-11
NORD
4.6.39
1550
IVRY - Palais Royal - Neuilly
VINCENNE - St Gervais

1948 Les familles nombreuses ont leur tarif

Le 4 octobre 1948 apparaît le tarif N. Le prix du ticket passe alors à 10 francs pour les tickets de carnet de 2e classe (et à 15 francs pour les 1re classe qui seront rétablis peu de temps après). Mais c'est surtout cette même année qu'intervient une évolution notable en matière de tarification : le tarif « famille nombreuse », à 50 % du tarif normal, est créé. La France connaît à cette époque un pic de natalité, le fameux « baby-boom ». Le métro s'adapte naturellement à ces changements démographiques. Afin de les différencier des tickets plein tarif, les tickets tarif réduit sont d'abord de couleur bleue puis deviennent rapidement bicolore – orange et blanc pour la 1re classe, blanc et jaune pour la 2e classe.

C'est également en 1948 que l'administration du métro instaure un principe de supplément pour utiliser le métro les dimanches et jours de fêtes. Ce principe sera abandonné dès 1950.

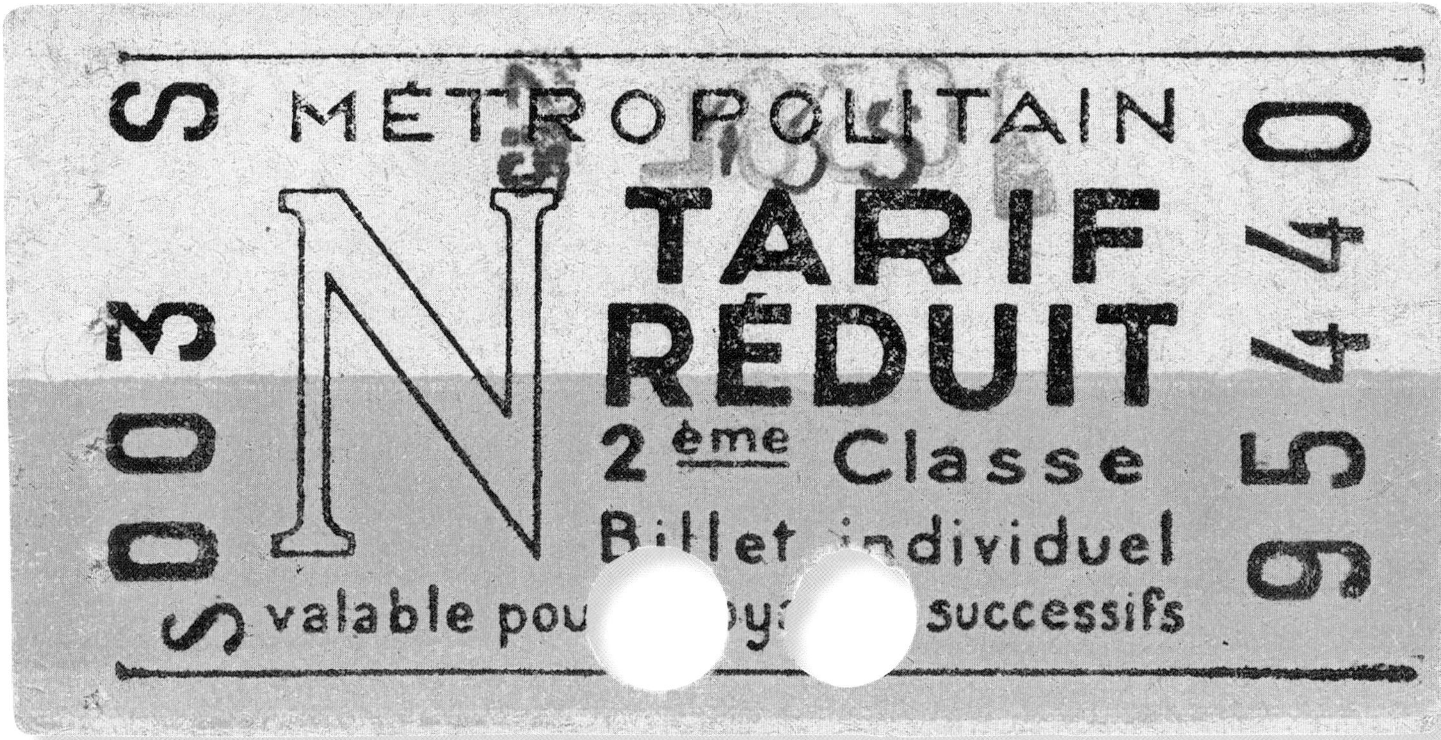

Ticket de 2e classe tarif N pour les familles nombreuses – 1948 – format 57 × 30 mm.

1949/50 Création de la RATP

Avec le nouveau tarif O, le 30 janvier 1950, le ticket passe à 14 francs pour un billet de 2e classe et à 20 francs pour un billet de 1re classe. Et surtout, on voit pour la première fois, sur ces tickets, le sigle RATP. En effet, c'est juste un an auparavant, le 1er janvier 1949, qu'est créée la Régie autonome des transports parisiens en remplacement de la Compagnie du chemin de fer métropolitain de Paris (CMP), pour le réseau du métro, et de la Société des transports en commun de la région parisienne (STCRP), pour le réseau de bus. Au moment de sa création, la RATP hérite d'un réseau de 166 km comprenant 14 lignes de métro.

Dans l'immédiate après-guerre, un certain nombre de stations changent de nom pour honorer les martyrs de la Résistance et les batailles symboliques de la Seconde Guerre mondiale. Et en 1948, la station Obligado devient Argentine en signe de gratitude pour ce pays qui, dans le cadre du plan Marshall, venait de fournir à la France d'importantes livraisons de viande.

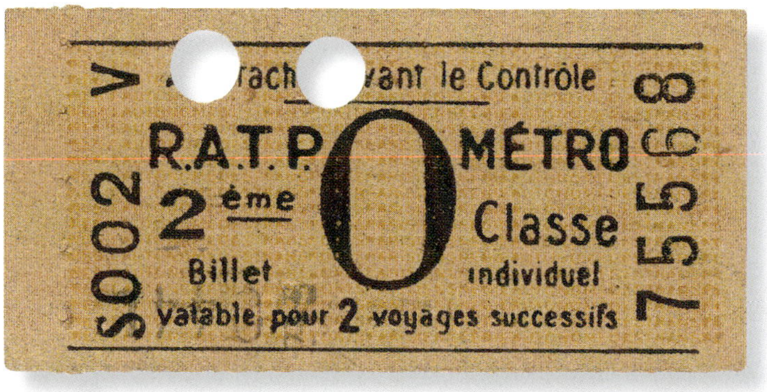

Premier ticket de carnet de 2e classe siglé RATP tarif O – 1950 – format 57 × 30 mm.

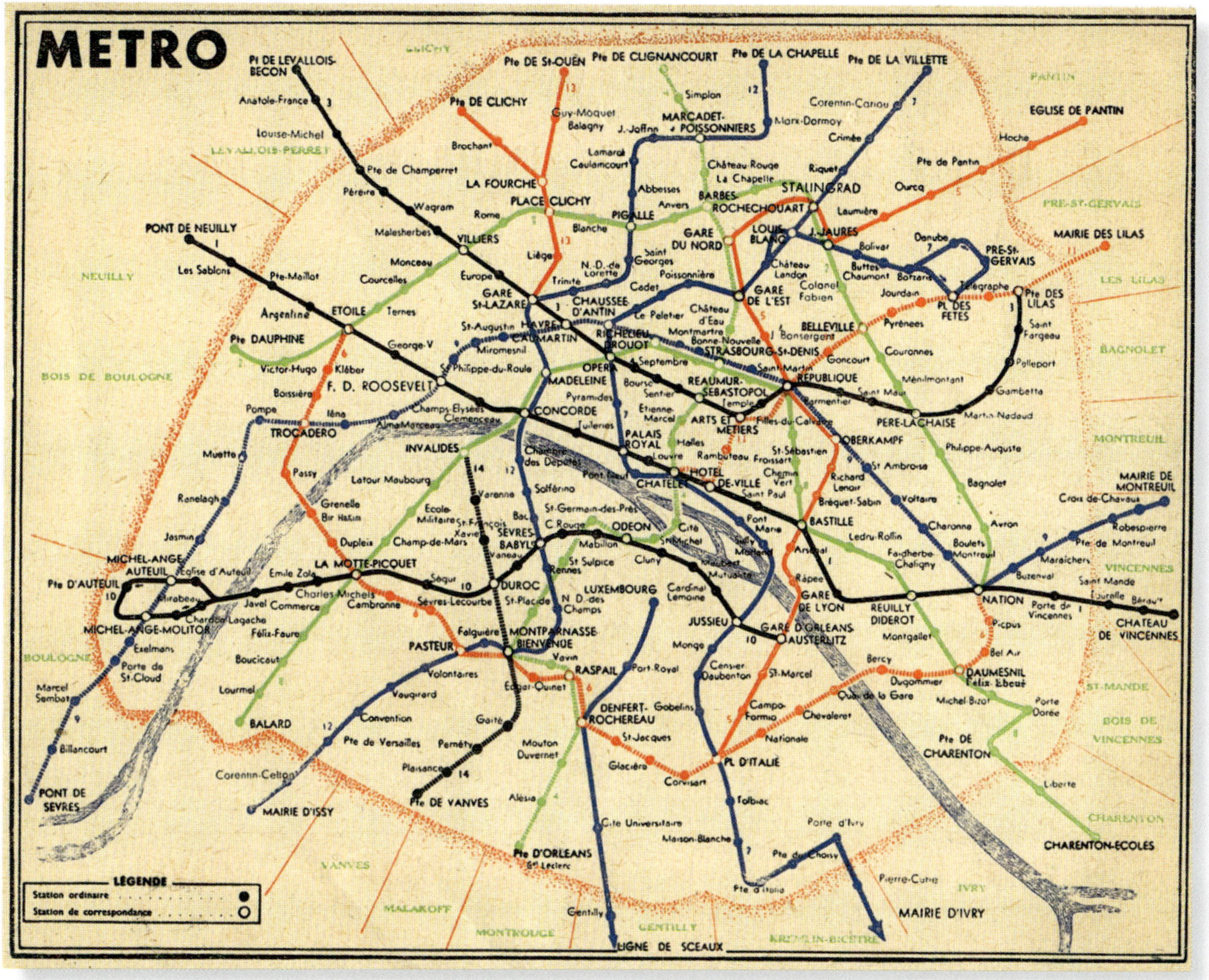

Plan du réseau datant de la fin des années 40.

Après-guerre, les stations changent de nom : Beaugrenelle devient Charles Michels, Grenelle devient Bir-Hakeim, Lancry devient Jacques Bonsergent, Aubervilliers-Bd de la Villette devient Stalingrad, Combat devient Colonel Fabien, Marbeuf devient Franklin Roosevelt, Marcadet-Balagny devient Guy Môquet, Petits Ménages devient Corentin Celton, Pont de Flandre devient Corentin Cariou et Torcy devient Marx Dormoy.

La madeleine de Proust de Michèle Morgan

"Après avoir poursuivi ma carrière aux États-Unis durant la guerre et une fois de retour à Paris, il m'arrivait de prendre le métro simplement par nostalgie, pour retrouver une certaine ambiance et notamment, pour ressentir « les odeurs du métro » qui m'impressionnaient. Ces effluves faisaient remonter en moi les bons souvenirs de mon adolescence avant la guerre. Époque heureuse où j'étais élève au Cours Simon et je prenais le métro à Porte Maillot où j'habitais jusqu'au métro Voltaire où se trouvaient les cours. C'est notamment lors de ces trajets que j'ai croisé le jeune François Périer, élève comme moi et qui prenait lui aussi le métro pour aller suivre ses cours."

1951 Tarif P pour… modernisation !

Durant les années 50, le réseau du métro amorce sa modernisation. On commence à installer des tubes fluorescents dans les stations et la RATP teste le prototype d'un nouveau matériel sur pneumatique (le MP 51). Essai qui sera concluant et en 1956, les Parisiens découvrent les premières rames sur pneumatiques qui circulent sur la ligne 11 (Châtelet – Mairie des Lilas). Évolution importante pour les voyageurs, les voitures de seconde classe comme celles de première sont équipées de confortables banquettes rembourrées.

Le 26 février 1951, le prix du ticket passe à 15 francs pour le billet de 2e classe et à 22,50 francs pour celui de 1re classe.

Ticket de carnet de 1re classe valable pour 2 voyages – tarif P – 1951 – format 57 × 30 mm.

Premiers essais des rames sur pneumatiques sur la ligne 11 Châtelet – Mairie des Lilas – 1956.

Couverture de plan de métro annonçant l'arrivée de la première rame de métro sur pneus – 1956.

1951 Disparition de la lettre Q !

Le 6 août 1951, le tarif S apparaît et le prix du billet de 2e classe passe à 20 francs, tandis que celui de 1re classe passe à 30 francs. Mais pourquoi donc la RATP choisit-elle de passer directement du tarif P au tarif S en oubliant le Q et le R ? Il y a plusieurs hypothèses. On imagine assez bien les voyageurs au guichet des stations demandant le prix d'un Q de 1re classe ou bien d'un aller et retour en Q ! Mais alors pourquoi avoir oublié également de faire un tarif R ? La raison de la disparition de ces deux lettres est sans doute plus pragmatique que cela. Il existe un risque de confusion visuelle pour les poinçonneurs entre les lettres O et Q ainsi que les P et les R et aussi, peut-être, le risque d'offrir à d'éventuels resquilleurs la possibilité relativement facile de maquiller un O en Q et également un P en R en ne rajoutant qu'un simple trait.

Pince de contrôle modèle 1954 qui sera en service jusqu'à la généralisation des tickets à bande magnétique et des composteurs à tourniquet en 1973.

Prix du ticket de 2e classe en 1951 : 20 F

Tickets S et T de carnets de 2e classe, tarif normal et tarif réduit – 1951 – format 57 × 30 mm.

1958 Changement de couleur

Le 6 janvier 1958 un nouveau changement de tarif intervient. Il sera agrémenté quelques mois après par un changement de couleur : havane pour la 2e classe et vert pour la 1re. Le prix du ticket de carnet en seconde passe alors à 30 francs et à 45 francs pour celui de première. C'est à cette occasion que disparaissent les tickets valables pour deux voyages successifs qui avaient été créés durant la guerre pour pallier la pénurie de papier.
La RATP choisit à nouveau de sauter une lettre de son alphabet tarifaire (le U) en passant directement au V. Décision qui s'explique sans doute encore à cause d'une possible confusion visuelle pour les contrôleurs qui, compte tenu du rythme soutenu de compostage (3 500 compostages de billet par jour en moyenne), ne peuvent perdre du temps à vérifier chaque ticket, ce qui freinerait l'accès des voyageurs au quai.
C'est sans doute encore pour cette même raison qu'après le V il n'y aura pas de W et on passera au tarif X.

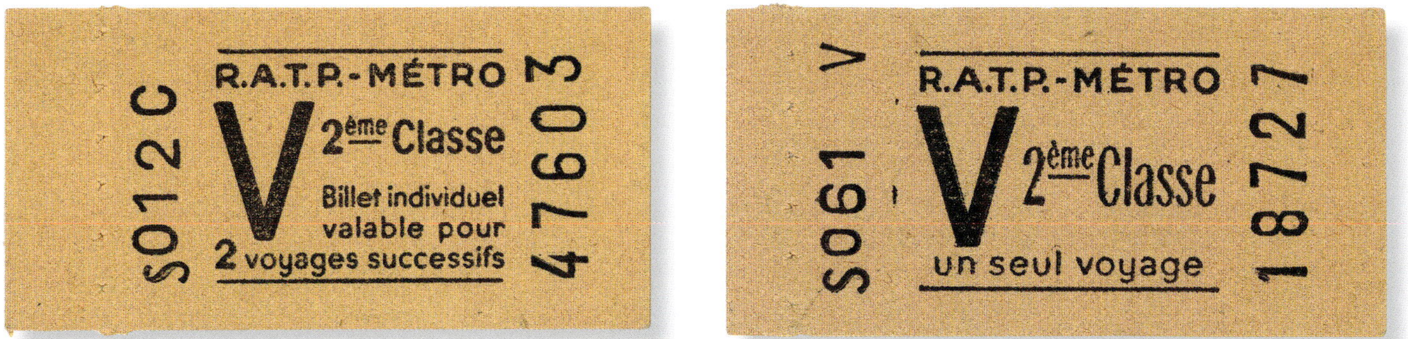

Tickets de carnet de 2e classe : première version « valable pour 2 voyages successifs » et deuxième version « un seul voyage » – 1958 – format 57 × 30 mm.

Pochette de disque 45 tours Le poinçonneur des Lilas *par les Frères Jacques – 1958 – format 180 × 180 mm.*

Le réseau en 1959

En 1959, le réseau compte 14 lignes de métro et près de 170 kilomètres de voies. Il transporte 1 158 991 000 voyageurs dans l'année.

C'est cette même année qu'est créé le Syndicat des transports parisiens (STP), autorité organisatrice des transports publics en Île-de-France. Le STP a pour mission de coordonner et d'organiser le financement des transports publics en Île-de-France ainsi que d'en améliorer et d'en développer les transports. En 2001, le STP deviendra le Syndicat des transports d'Île-de-France (STIF).

Logo de la RATP à la fin des années 50.

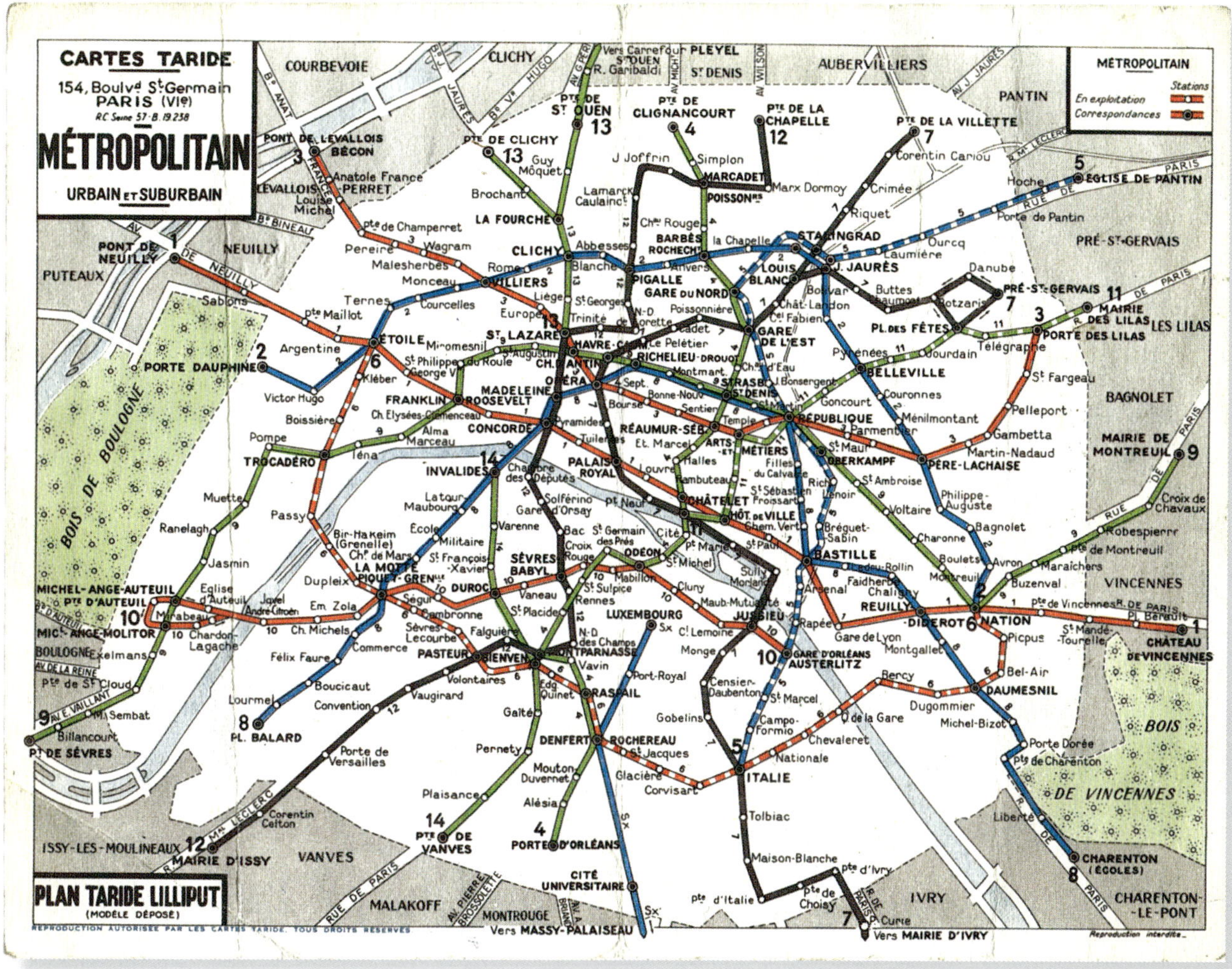

Plan du métro « urbain et suburbain » – éditions Taride – 1959/1960.

La vie de Louis de Funès bascule le temps d'un trajet

Peu de temps avant la guerre, Louis de Funès avait été élève au cours Simon où il avait fait la connaissance du futur acteur Daniel Gélin (1921-2002). Après s'être perdue de vue, les deux hommes se retrouvent fortuitement à la station de métro Villiers en 1944. Après avoir raté son métro Louis de Funès attend donc le suivant lorsqu'il voit arriver Daniel Gélin. Durant le trajet, Daniel Gélin qui avait toujours cru au talent de Louis, lui propose un rôle dans une pièce, rôle qu'il accepte et qui marquera le démarrage de sa carrière. Louis de Funès dira par la suite que son destin a tenu à une rame de métro loupée !

1960 Un tarif en nouveau franc !

Avec le tarif X, le 1er août 1960, le prix passe au nouveau franc. Les années 60 sont pour les usagers une décennie de modernisation importante avec l'arrivée de nouvelles rames, la modernisation de nombreuses stations et le lancement du RER. Le prix du ticket de 2e classe est de 0,37 franc et de 0,56 franc pour un ticket de 1re classe.

Le 8 février 1962, une manifestation de protestation contre la guerre d'Algérie est organisée entre Bastille et Nation. Au moment de sa dissolution, une charge de police précipite une foule importante dans l'entrée du métro Charonne (dont les grilles d'entrée étaient alors fermées comme il est d'usage sur le parcours de manifestations). On relèvera huit morts.

Manifestation boulevard Voltaire – 8 février 1962.

Prix du ticket de 2ᵉ classe en 1960 : 0,37 F

Tickets de carnet tarif X de 1ʳᵉ et 2ᵉ classe, plein tarif et tarif réduit – 1960 – format 57 × 30 mm.

1961 Les étudiants ont leur carte hebdomadaire

La génération du baby-boom grandit. Elle poursuit de manière massive des études grâce à la démocratisation de l'enseignement secondaire et supérieur. La RATP s'adapte à nouveau en créant en 1961 la première tarification qui leur sera dédiée : la carte hebdomadaire d'étudiant et d'élève. Pour bien la différencier de la carte hebdomadaire de travail elle est de couleur bleue. Elle sera supprimée avantageusement par l'arrivée, en 1975, de la carte orange.

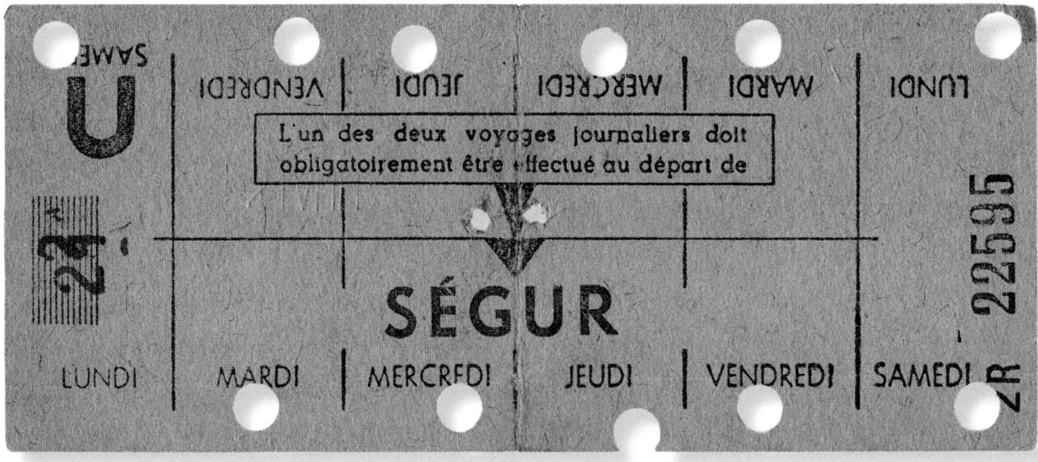

Carte hebdomadaire d'étudiant et d'élève. Comme pour la carte hebdomadaire de travail, elle est valable uniquement pour des trajets au départ de la station d'émission (Ségur pour celle-ci) – 1961 – format 135 × 57 mm.

PHAR

Le réseau en 1967

Cette année-là, le réseau urbain transporte 1 172 000 000 de passagers. La modernisation du réseau continue avec l'arrivée de nouveaux matériels sur pneumatiques pour les lignes n° 1 (Pont de Neuilly – Château de Vincennes) et n° 4 (Porte de Clignancourt – Porte d'Orléans) qui sont alors les plus chargées. On installe le premier tapis roulant dans le long couloir de correspondance de la station Châtelet.

Rame de modèle MF 67 (Matériel Fer 1967) entrant dans la station Martin Nadaud, devenue aujourd'hui la station Gambetta.

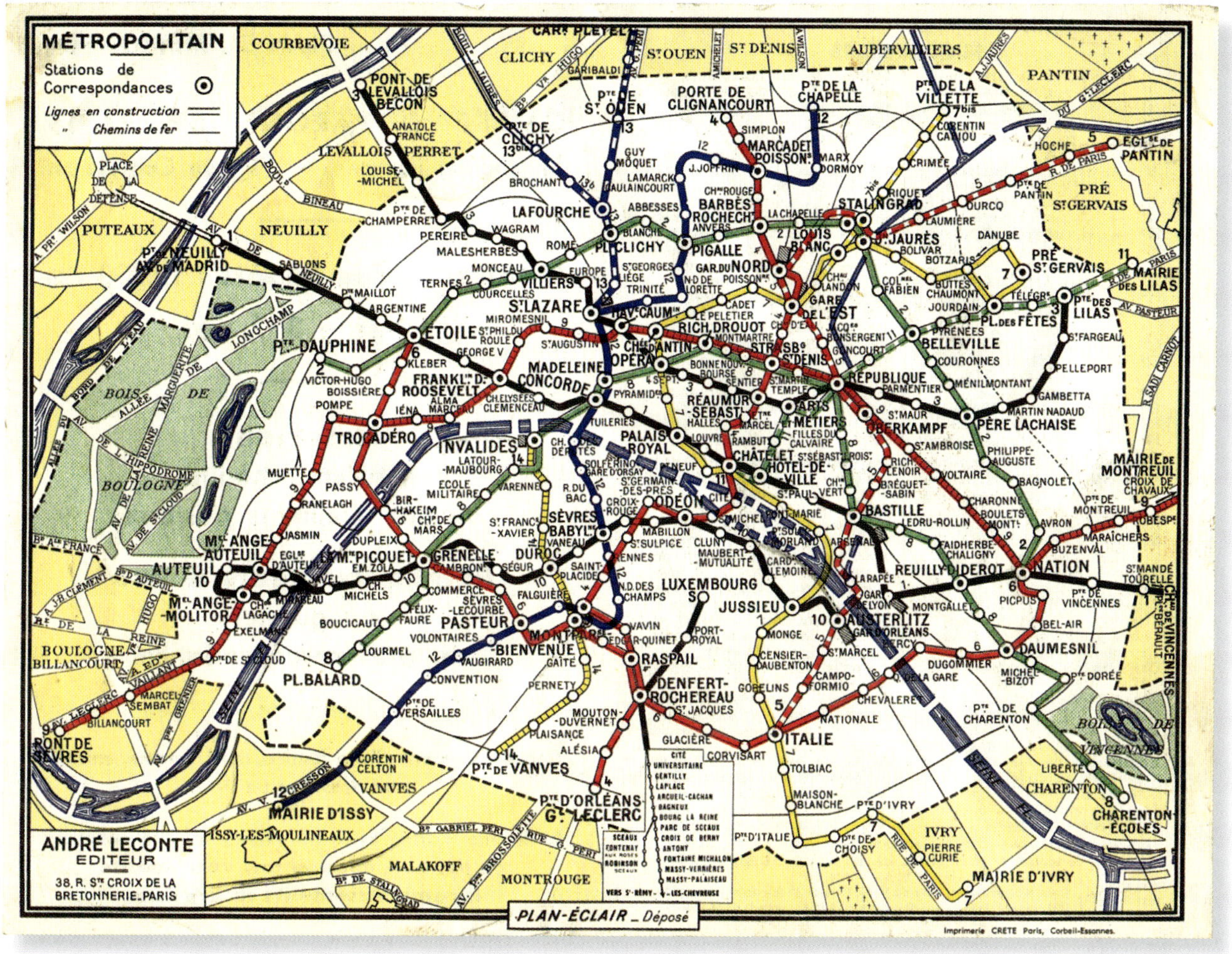

Plan de métro lisible en « un éclair pour trouver son itinéraire » – fin des années 60.

1968 Le ticket de métro prend le bus

Entre 1967 et 1970, le principe de l'alphabet tarifaire arrive à la fin de son premier cycle.
À l'aube des années 70 une simplification tarifaire intervient pour l'usager : le ticket de métro devient enfin valable dans le bus. Cette modification (sans augmentation de tarif) sera alors matérialisée par le passage à la lettre A. C'est à ce moment que la longueur des tickets passe de 57 mm à 62,2 mm. Ce changement de dimension est dû à une raison pratique. Les bus commencent à être équipés de composteurs automatiques (qui remplacent les fameux receveurs que l'on trouvait sur la plate-forme du bus). Le voyageur devait donc pouvoir composter lui-même son billet et pour cela l'introduire et le manipuler de manière aisée dans la goulotte du composteur.

Tickets de bus tarif Y. Les fameux « tickets à lamelles » disparaîtront en 1973 – format d'une lamelle 10 × 50 mm.

Tickets de carnet Y, Z et A de 1re et 2e classe, plein tarif et tarif réduit.

1968 Premiers essais de bande magnétique

Durant les années 1968 et 1969, la RATP expérimente aux stations Nation et Porte de Vanves les tout premiers tickets à bande magnétique. Après quelques réglages, l'expérience s'avère concluante et on décide de généraliser le système dont l'installation sera effective à partir d'octobre 1973.

Recto et verso d'un ticket test à bande magnétique – 1969 – format 55 × 30 mm.

Premiers appareils de contrôle automatique « armés de bras tripodes » plus connus sous le nom de « tourniquets » à la station Nation – 1969.

1970 Le tarif B annonce l'arrivée du RER

Le prix du ticket de carnet de 2e classe passe à 0,70 franc et à 1,05 franc pour celui de 1re. Pour les Franciliens, 1970 est l'année de naissance de la première ligne du RER (Réseau Express Régional) qui relie alors Nation à Boissy-Saint-Léger (le tronçon est inauguré le 14 décembre 1969) et La Défense – Étoile (tronçon inauguré le 21 février 1970).

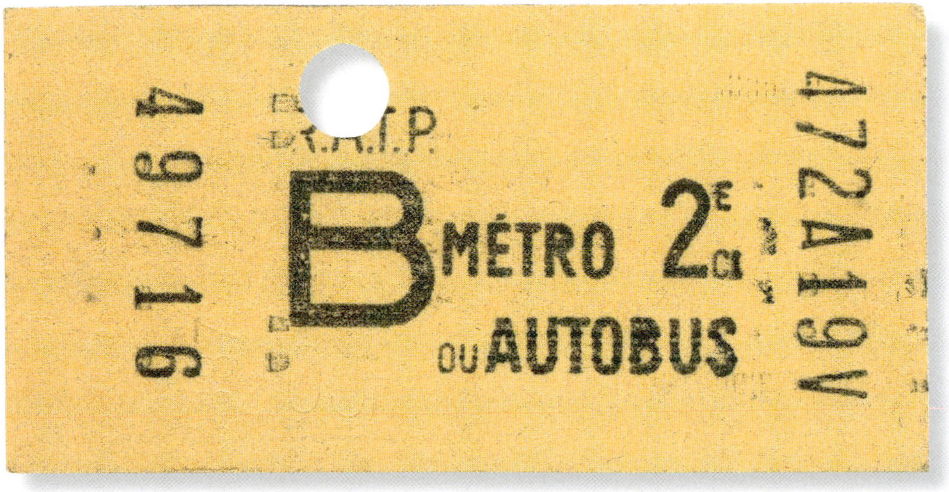

Ticket de carnet de 2e classe – tarif B – 1970 – format 62,5 × 30 mm.

Georges Pompidou, nouvellement élu président de la République, visite une des premières rames du RER.

Prix du ticket de 2e classe en 1970 : 0,70 F

Le ticket du hasard pour Beate Klarsfeld

En 1960, une toute jeune fille répondant au nom de Beate Künzel quitte pour la première fois de sa vie l'Allemagne pour Paris comme fille au pair. Elle prend régulièrement le métro pour ses déplacements dans la capitale. Un jour, alors qu'elle attend tranquillement son métro sur le quai de la station Porte de Saint-Cloud, elle se fait aborder par un jeune homme qui s'appelle... Serge Klarsfeld.

Serge et Beate Klarsfeld sont connus pour leurs activités d'historiens de la Shoah et notamment de « chasseurs de nazis ». Ce sont eux qui, après une longue traque de plusieurs années, ont amené devant les tribunaux Klaus Barbie. Ils ont également joué un rôle fondamental dans le procès Papon. Ils ont créé l'Association des fils et filles de déportés juifs de France.

Coup de foudre en quatre stations

"Quand j'ai vu le film *Eyes Wide Shut* de Stanley Kubrick, la scène où Nicole Kidman raconte son coup de foudre pour un inconnu m'a aussitôt fait penser à une scène parallèle que j'ai vécue dans le métro parisien. On était en 1996 je crois, je ne me souviens ni du mois précis, ni de la ligne de métro sur laquelle c'est arrivé. J'étais dans un wagon presque vide, en milieu d'après-midi. En face de moi, une jeune femme était assise dans le sens de la marche. Elle lisait *Les Chants de Maldoror*, de Lautréamont. Blonde, avec les cheveux mi-longs, des lunettes à monture noire et une robe assez courte. Je me souviens de ses jambes, qui étaient recouvertes d'un fin duvet blond, et de son regard déchirant. J'aurais été prêt à abandonner ma vie si elle avait répondu à mon regard, tout en elle réveillait en moi un instinct animal. Un coup de foudre ? Si c'était le cas, il n'a duré que quatre stations. Quand elle s'est levée pour descendre de la rame, j'ai suivi des yeux son trajet jusqu'à la dernière seconde, puis elle a disparu dans un couloir de correspondance tandis que je restais dans la rame qui s'enfonçait dans le tunnel obscur, soudain pris d'une irrépressible nostalgie. J'ai souvent repensé à cette inconnue, que je n'ai bien sûr jamais revue. Souvent, quand je rentre dans une rame, je me demande si elle y sera un jour. Le métro parisien peut être l'ultime usine à fantasmes. Je le sais, et j'y garde toujours les yeux grands ouverts.**"**

Olivier Cachin – Journaliste et écrivain.

Le bulletin de retard

Bien que le métro à Paris soit le moyen de transport le plus fiable et le plus régulier, il lui arrive tout de même de connaître des perturbations. Il existe donc des tickets justificatifs de retard. Ticket justificatif bien utile dans certains cas vis-à-vis de son employeur ou de son professeur... Peu de gens savent que ce principe de délivrance d'attestation de retard existe toujours aujourd'hui.

La foule attend le métro sur le quai de la station Opéra au début des années 70.

Bulletin de retard – années 60-70 – format 78 × 36 mm.

1973 La fin du poinçonneur des Lilas

La mise en place progressive d'appareils de contrôle automatique armés de « bras tripodes », plus couramment appelés « tourniquets », et avec eux la généralisation des tickets à bande magnétique, sonnent la fin des poinçonneurs. Leur disparition n'est totalement effective qu'en 1975. Peu de temps après, le principe d'alphabet tarifaire disparaît lui aussi. Une page se tourne pour le réseau du métro qui entre dans une nouvelle ère.

Depuis le 20 août 1971, le prix du ticket de carnet est passé à 0,80 franc pour la 2e classe et à 1,20 franc pour la 1re classe. La carte hebdomadaire coûte alors 5,60 francs.

Dernier ticket de carnet de 2e classe sans bande magnétique – 1971 – format 62,5 × 30 mm. Premier ticket de carnet de 2e classe de couleur jaune avec bande magnétique et aussi dernier modèle de ticket affichant le système d'alphabet tarifaire – 1973 – format 66 × 30 mm.

Prix du ticket de 2e classe en 1973 : 0,80 F

Poinçonneuse dans sa guérite de contrôle dans les couloirs de la station Bastille au début des années 70.

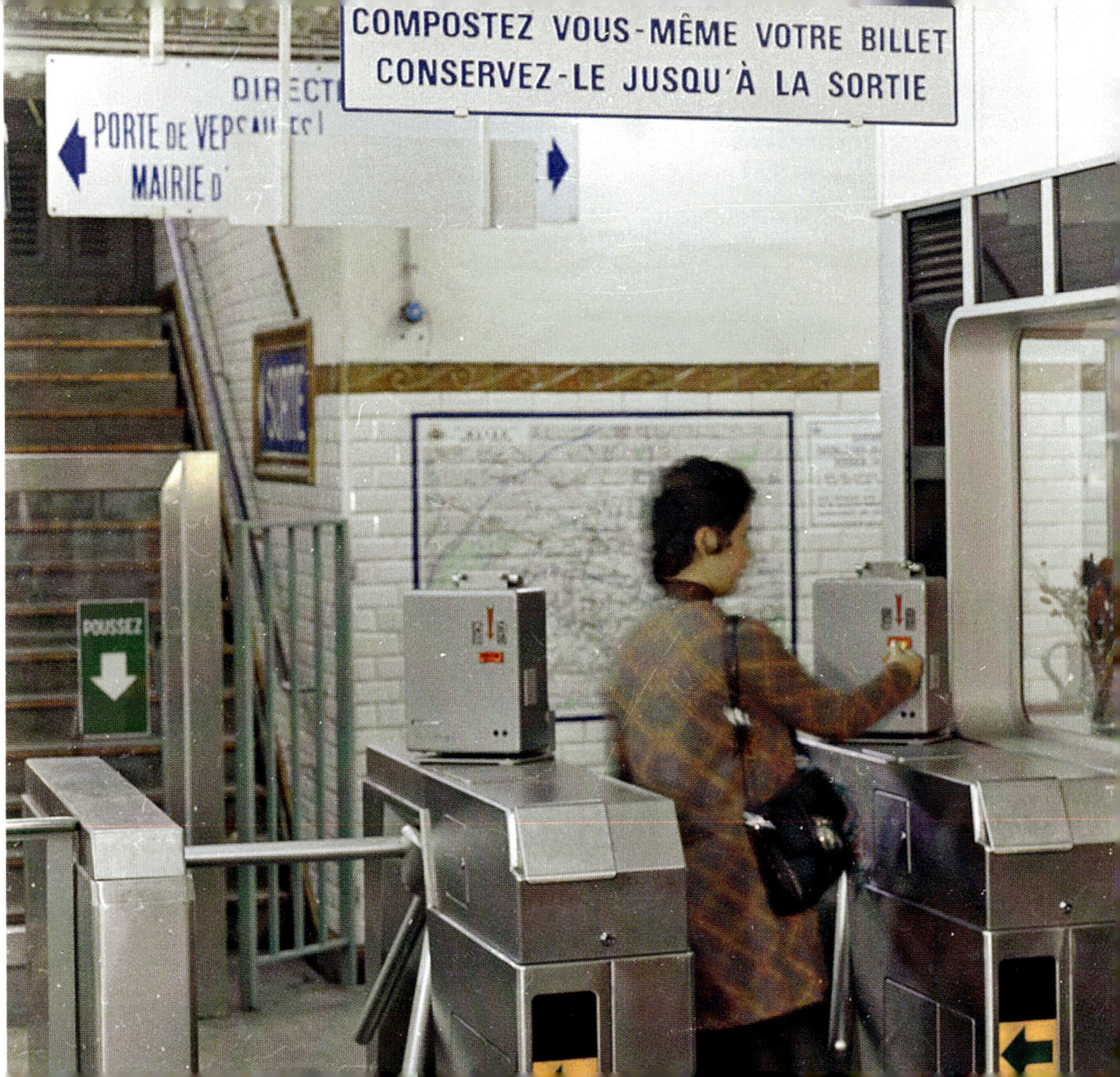
COMPOSTEZ VOUS-MÊME VOTRE BILLET
CONSERVEZ-LE JUSQU'À LA SORTIE
PORTE DE VE
MAIRIE D'
POUSSEZ
SORTIE

Guichet de vente, typique des années 70, avec les premiers appareils de compostage.

1975 La révolution de la carte orange

L'arrivée de la carte orange en 1975 est une véritable révolution. Avant sa création, une personne désireuse de traverser Paris peut avoir à acheter jusqu'à cinq tickets distincts. La carte orange va désormais lui permettre un accès illimité pour un prix fixe, à tous les moyens de transport de l'Île-de-France (ou à certaines parties de celle-ci) pendant une période donnée. L'initiative de sa création revient au Syndicat des transports parisiens.

Sa courbe de croissance est fulgurante : dès 1976, 11 millions de coupons sont vendus. Même les usagers qui ne prennent pas le métro quotidiennement l'adoptent en découvrant la liberté qu'elle offre. Face à un tel succès, la carte orange fait des petits au fil des années. Elle se décline progressivement en version annuelle, hebdomadaire puis enfin quotidienne.

Lors de son lancement, un coupon de 2e classe en zones 1 et 2 (Paris et toute proche banlieue) coûte 40 francs. Dix ans plus tard, en 1985, il est à 138 francs et en 1995, il est à 230 francs. En 2005, alors que le prix du coupon est à 50 euros, la carte orange compte alors 2 millions d'adeptes. C'est à partir de 2008 qu'intervient progressivement l'arrêt de sa commercialisation en faveur du passe Navigo. C'est finalement début 2010 que l'appellation « Carte Orange » disparaît.

Mais pourquoi la carte orange est-elle orange ? La raison est assez simple : nous sommes au milieu des années 70 et la couleur orange est une des principales couleurs à la mode. Elle exprime alors des valeurs de dynamisme et de chaleur. C'est tout simplement une couleur moderne que choisit la RATP pour habiller sa nouvelle carte d'abonnement mensuel.

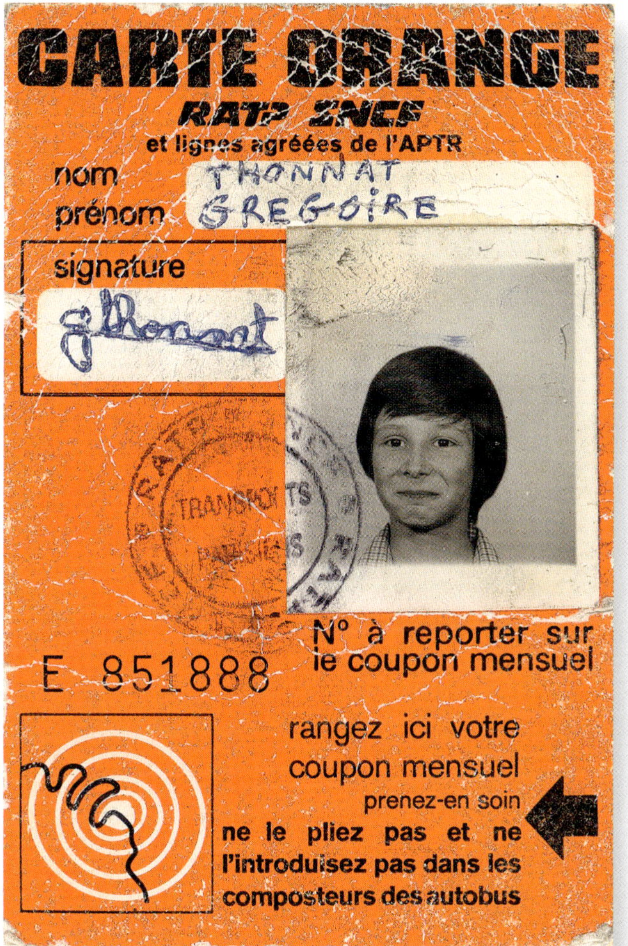

Premier modèle de la carte orange au format « passeport » (80 × 120 mm) et coupons magnétiques de 2ᵉ et 1ʳᵉ classe en matière plastifiée (66 × 30 mm) – 1975 et 1977.

Un président de la République dans le métro

"Comme ministre des Finances du général de Gaulle, j'ai pris le métro pour me rendre du palais du Louvre où siégeait encore le ministère des Finances, jusqu'à la mairie de Vincennes où je devais participer à une séance de travail. Au lieu d'utiliser la voiture officielle, j'ai choisi de prendre le métro, ce qui a provoqué la surprise des autres voyageurs. Un photographe de presse qui avait réussi à me suivre a pris une photo qui a fait la première page des journaux du soir.**"**

Valéry Giscard d'Estaing
a été président de la République de 1974 à 1981.
Il est membre de l'Académie française depuis 2004.

Je me souviens du

dans le métro.

Georges Perec

Le réseau en 1980

Le réseau urbain transporte dans l'année 1 093 900 000 voyageurs avec 13 lignes et 279 stations nominales (pour 380 points d'arrêt) représentant près de 200 kilomètres de voies.
C'est à cette époque qu'apparaissent de nouvelles rames d'aspect résolument différent : livrée extérieure blanc cassé, intérieur bleu, sièges individuels, éclairage uniforme, ventilation. Ces nouvelles rames (qui portent le nom de MF 77) sont mises en service sur la ligne 13 (Châtillon-Montrouge, Saint-Denis, Asnières-Gennevilliers).

Pour l'année 1980, le prix du ticket de 2e classe est de 1,75 franc, celui de 1re classe est de 2,70 francs.

RATP

Le fameux logo oblique de la RATP fait son apparition en 1978.

Prix du ticket de 2ᵉ classe en 1980 : 1,75 F

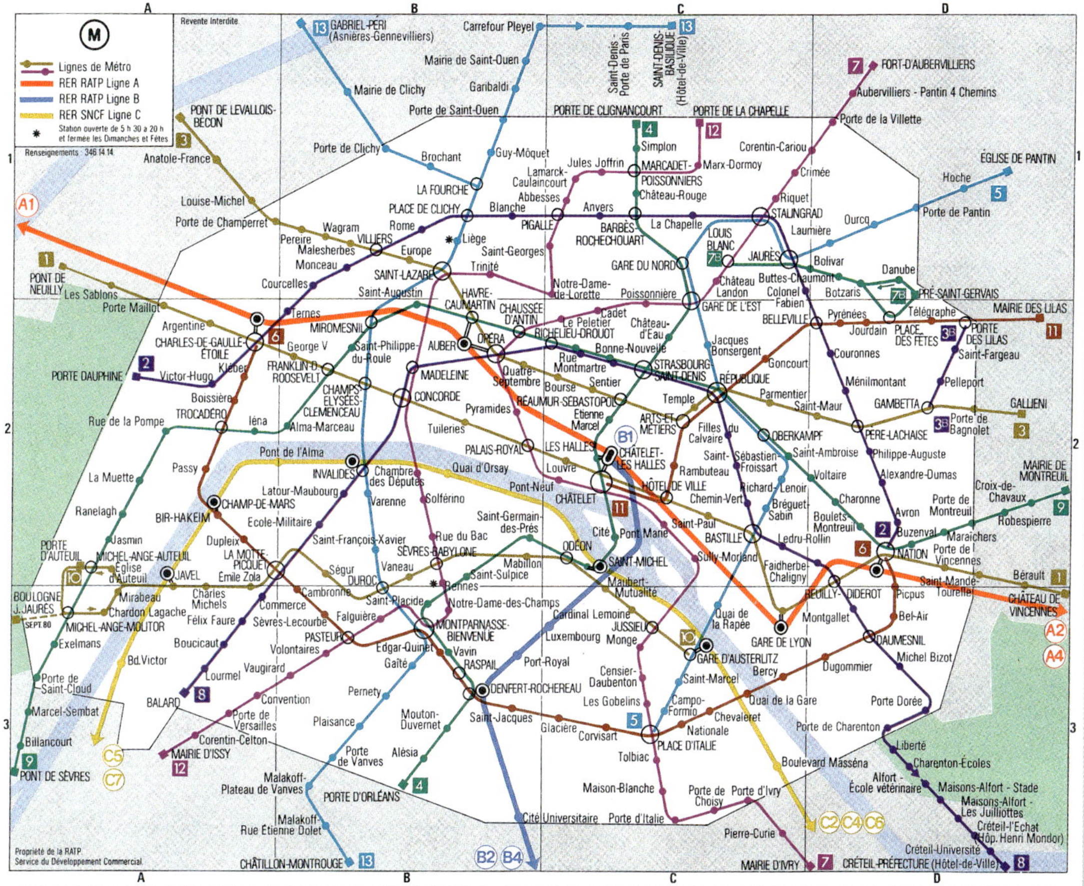

Plan du réseau – 1980.

1981 Ticket chic – ticket choc

T'as le ticket chic, t'as le ticket choc ! Le refrain de la RATP est bien dans le style des années 80. La Régie autonome des transports parisiens souhaite ainsi passer du statut de moyen de locomotion pour fauchés à celui de marque urbaine et branchée. Le ticket de métro de couleur jaune avec sa bande magnétique marron devient une icône de mode qui va se décliner, en affichage, en presse et même en télévision.

Ticket de carnet de 2e classe avec le nouveau logo oblique de la RATP – format 66 × 30 mm. Ce modèle de ticket a eu une longue carrière puisqu'il exista de 1978 à 1992.

Campagne publicitaire pour le « ticket chic, ticket choc » au début des années 80.

2e VOITURE*
UNE MARQUE DE CONFORT.
TICKET CHOC.
2e VOITURE. ELLE A LE TICKET.
RATP
TICKEZ DONC CHOC
RATP
2e VOITURE
TICKEZ DONC CHIC
RATP
RATP
TOCCATA TOC TOC
2e VOITURE.
ÇA VOUS CHANGE
LA VILLE.
RATP
*A ESSAYER.

Passe-droit pour « sapeur » congolais

Dans les années 80-90 entre Brazzaville, Kinshasa, Douala et Paris, se développe la SAPE (Société des ambianceurs et des personnes élégantes) qui est une pratique de jeunes dandys africains (dont les plus connus sont les musiciens Papa Wemba et Koffi Olomidé) qui cherchent à se distinguer en portant des vêtements de luxe. À cette époque, hormis bien sûr d'avoir la panoplievestimentaire la plus luxueuse qui soit, le tout dernier chic afin de pouvoir rentrer dans les soirées congolaises de « sapeurs », c'était de pouvoir présenter comme passe-droit un ticket du métro de Paris, non oblitéré s'il vous plaît !

Manifestation contre le froid à Glacière

En 1983, pour protester contre un hiver particulièrement rigoureux, Basile de Koch et les membres de son groupe d'intervention culturelle organisent au métro Glacière une manifestation « contre le froid » accompagnée d'une conférence de presse sur le quai, où ils demandaient notamment la démission de François Mitterrand, aux slogans surréalistes de « Verglas assassin, Mitterrand complice ! ».

Basile de Koch (de son vrai nom Bruno Tellenne) est journaliste, chroniqueur et fondateur du groupe Jalons qui regroupe des « intellectuels farceurs ». Ce « groupe d'intervention culturelle » comme il se définit lui-même s'inscrit dans la lignée des Pierre Dac et Francis Blanche.

1991 Enterrement de la 1re classe

Après une première tentative de suppression entre 1947 et 1948, il est décidé en 1982 de ne maintenir la 1re classe qu'aux heures creuses. Elle sera finalement supprimée en 1991 pour le métro et en 1999 pour le RER. Il est vrai que l'existence de deux classes dans le métro des années 90 pouvait paraître totalement anachronique.

Dernier modèle de ticket de 1re classe – fin des années 1980 – format 66 × 30 mm.

Suppression des marquages sur les voitures de première classe dans les ateliers d'entretien du métro en août 1991.

1
1

Première classe pour tout le monde

"Le 1er août 1991, en protestation contre la suppression de la 1re classe sur le métro parisien, j'ai tagué une rame de la ligne n° 1 en transformant tous les 2 (2e classe) en 1 (1re classe). J'inventai la 1re classe pour tous. Beaucoup mieux, non ?**"**

Emmanuel de Brantes est journaliste, chroniqueur, galeriste et scénariste.

Créer un magazine en attendant le premier métro

"Dans les années 90, je fais la connaissance dans une soirée d'un grand escogriffe sapé en bermuda et veste de smoking et affublé d'un nom rigolo : Fabrice de Rohan Chabot. Lorsque nous quittons la fête au petit matin, nous entrons de concert dans une bouche de métro et, pour tuer le temps d'attente de la première rame, nous imaginons euh..., qu'est-ce qu'on peut imaginer en attendant le métro ? Moi : Un magazine classe et gratuit qui parlerait d'art ! Ah oui, c'est cool comme idée. Mais on le distribuerait comment ? Lui : Dans toutes les galeries d'art parisiennes ! Ouais ! Et on gagnerait éventuellement de l'argent de quelle manière ? Nous : En vendant de la pub à des annonceurs de luxe ! C'est ainsi que sortait, deux mois plus tard, le premier numéro de *Technikart*. Mais impossible de me souvenir de la station de métro qui a engendré sa conception, il faut dire que l'on avait un peu bu."

Raphaël Turcat est le co-fondateur et rédacteur en chef de Technikart*, un news magazine de culture et de société.*

1992 Le ticket jaune passe vert jade

Mais pourquoi donc encore changer de couleur ? En 1992, Christian Blanc, patron emblématique de la RATP, lance un chantier important de refonte de son identité visuelle qui aboutit à la création du logo actuel de la RATP. Dans une logique d'harmonisation avec cette nouvelle image, le ticket devient donc « vert jade » le 21 mars 1992.

Le nouveau logo de la RATP représente de manière symbolique le tracé de la Seine à Paris, mais aussi le visage d'une femme tourné vers le ciel, connotant l'idée de dynamisme et d'élan de cette société – 1992.

Ticket de carnet de 2e classe couleur « vert jade ».
Ce modèle a eu cours de 1992 à 2003 – format 66 × 30 mm.

Prix du ticket de 2e classe en 1992 : 3,65 F

À la station Odéon, une rame MP 59 repeinte aux couleurs de la nouvelle identité visuelle.

Un concert de Keziah Jones *pour le prix* *d'un ticket de métro*

Avant de devenir Keziah Jones, bluesman cosmopolite à la carrière internationale, Olufemi Sanyaolu est né à Lagos au Nigeria. Il fait ses études à Londres ou il apprend le piano puis la guitare. Il vient en France au début des années 1990. Dans des circonstances qui tiennent à la chance pure, sa carrière va prendre un tournant décisif. À cette époque, il chante régulièrement dans les couloirs du métro. Lors d'une de ses « prestations souterraines », sa route croise celle d'un directeur artistique d'une grande maison de production. C'est grâce à cette rencontre que quelques mois plus tard, il sort un album qui sera le premier d'une longue série et qui fera de lui un artiste à la renommée mondiale. En septembre 2008, lors de la sortie de son dernier album, *Nigerian Wood*, comme un hommage et un retour aux sources, il donne en avant-première plusieurs concerts surprises dans le métro parisien dans le cadre de l'opération « Destination Musique » organisée par la RATP.

1995 Au vol !… nouvelle version pour le coupon de carte orange

Ce changement de couleur n'est pas gratuit. Fin 1995, un camion contenant des milliers de coupons est volé. Pour couper court à tout trafic parallèle, la RATP décide de changer la couleur du coupon (qui passe début 1996 sur fond blanc). Puis quelques mois après on y intègre un hologramme pour toujours plus de sécurisation.

Nouvelle version de la carte orange dans le style années 90 – format 85 × 54 mm – et coupon orange et blanc avec son hologramme de sécurité – format 66 × 30 mm – 1998.

2001 Le passe Navigo

Après plusieurs années d'études menées par la RATP sur le « Passe sans contact », le STIF est à l'initiative en 2001 de la généralisation du système Navigo. Le passe Navigo est une carte à puce qui utilise la technologie RFID (pour Radio Frequency Identification). Face à un trafic en perpétuelle augmentation, l'objectif est notamment d'améliorer la fluidité des voyageurs au niveau du passage des composteurs. Ce passe sert de support pour certains forfaits d'abonnements dans les transports d'Île-de-France sur les réseaux RATP, SNCF et Optile. Il est proposé dès 2001 aux abonnés de la carte intégrale (abonnement annuel) puis il devient accessible en 2002 aux abonnements étudiants détenteurs de la carte imagine'R, puis aux scolaires en 2003. Enfin à partir de 2005, il est étendu de manière progressive aux porteurs de carte orange hebdomadaire et mensuelle. En 2009, on pouvait compter un total de 4 536 000 porteurs de cette carte (tous types d'abonnements confondus).

Carte plastique en format « carte de crédit » (85 × 59 mm) pour le passe Navigo – 2001.

La dernière virée de Jane Birkin dans le métro (par elle-même)

"La dernière fois que j'ai essayé avec ma fille Kate, elle s'est écroulée de rire, je cherchais le poinçonneur, mis le ticket dans la mauvaise fente, me suis fait attraper dans le tourniquet, et fini par tomber par terre sur une siège pliante. Kate qui me dit : « C'est comme de sortir Marie-Antoinette de Versailles ! »"

Dix euros la journée pour un concertiste international

En 2009, Simon Lelouch, le fils aîné du réalisateur Claude, pour les besoins d'un court-métrage qu'il réalise, a fait jouer Renaud Capuçon, célèbre concertiste français, durant une journée aux stations de métro Bir-Hakeim et La Motte-Picquet-Grenelle. Ce virtuose du violon, habitué à des cachets à la hauteur de son talent, a gagné en une journée moins de 10 euros...

2003 Le ticket t

Dans le cadre de la simplification des tarifs, le ticket passe à la couleur « violine » et prend l'appellation officielle de ticket t. Il fait son apparition le 1er janvier 2003.

Le ticket t est le premier billet émis spécifiquement sous la bannière du Syndicat des transports d'Île-de-France (STIF). Il succède aux billets qui sont alors émis par chacun des transporteurs franciliens. Il permet d'effectuer un trajet en métro, en bus et également dans le RER pour sa partie parisienne. Le 1er août 2003, son prix pour un plein tarif atteint le seuil symbolique de 1 euro.

À cette époque, le réseau du métro compte 16 lignes et 211 km de voies, auquel il faut rajouter le RER.

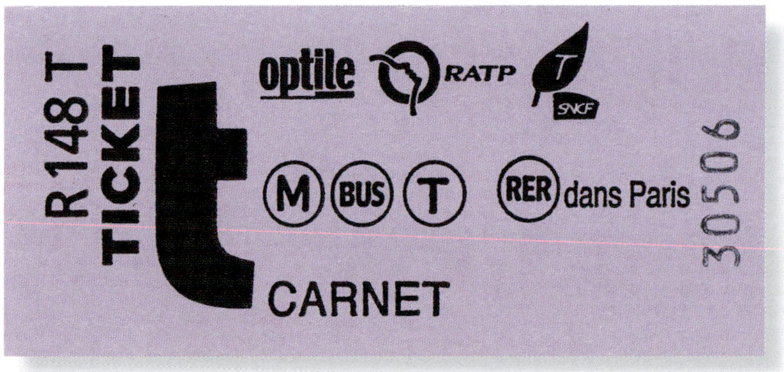

Ticket de carnet de couleur « violine ». Ce modèle a eu cours entre 2003 et 2007 – format 66 × 30 mm.

Rame MF 67 modernisée à la station terminus Porte de la Chapelle sur la ligne 12 au début des années 2000.

Prix du ticket de 2e classe en 2003 : 1 euro

2007 Le ticket t +

Le ticket t + qui est l'appellation officielle du ticket de métro parisien d'aujourd'hui est le plus simple des titres de transport pour la région Île-de-France. Il est créé le 6 juin 2007 par le Syndicat des transports d'Île-de-France (STIF). Il remplace l'ancien ticket t, qui ne permettait pas la correspondance entre les diverses lignes de bus. Il est valable pendant 1 h 30 entre la première et la dernière validation sur la totalité des réseaux RER (dans Paris), métro, tramway. Cependant, il ne permet pas encore la correspondance entre le réseau du métro et celui du bus.

À cette date, le prix unitaire du billet de carnet était de 1,11 euro. Depuis le 1er juillet 2010, le prix du ticket de carnet plein tarif est passé à 1,20 euro. Il faut savoir que seulement 30 % des billets vendus aujourd'hui le sont à ce tarif. En effet, 70 % sont vendus en carnet de 10 avec une réduction tarifaire.

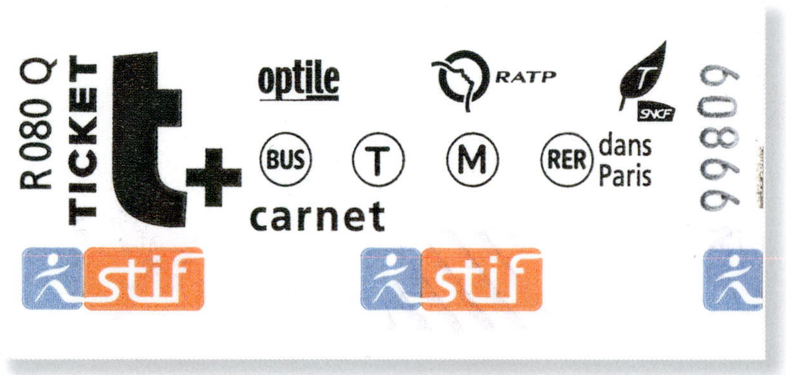

Ticket de carnet t+ – modèle en cours depuis 2007 – format 66 × 30 mm.

Rame sur pneumatiques (modèle MP 73 modernisé) entrant à la station Quai de la Gare sur la ligne 6.

Prix du ticket de 2e classe en 2007 : 1,11 euro

Le réseau en 2019

Le réseau du métro qui fait aujourd'hui 220 Km compte 303 stations nominales, 16 lignes numérotées de 1 à 14 et 2 lignes courtes (3 bis et 7 bis).

La ligne la plus fréquentée du réseau métro est la ligne 1 avec 180 millions de voyageurs transportés en 2018. Les trois stations de métro les plus fréquentées en 2018 sont dans l'ordre : Gare du Nord, Gare Saint Lazare et Gare de Lyon.

La station la moins fréquentée est Eglise d'Auteuil avec 182 000 voyageurs en 2018.

Quai de la station Gare de Lyon sur la ligne 14. Cette ligne entièrement automatisée a été inaugurée en 1998.

Prix du ticket de 2e classe en 2019 : 1,49 euro

La gamme tarifaire actuelle

Île-de-France mobilités (anciennement appelé le STIF) a développé une large gamme d'offre tarifaire adaptée à l'essentiel des besoins en matière de transport pour l'Île-de-France qui compte chaque jour plusieurs millions de déplacements en transports en commun. Sans être exhaustif voici les principaux tarifs et forfaits :

Les tickets valables pour tous :

- Le Ticket t + est valable pour la totalité d'un parcours sur les réseaux train-rer dans Paris, métro, tram et bus. Il permet les correspondances métro-métro, fer-fer et métro-fer dans Paris pendant 2 heures à partir de la validation d'entrée sur le réseau.
- Le ticket d'accès à bord est vendu à l'intérieur du bus. Il n'est valable que pour un seul trajet, « sans correspondance ».
- Le ticket « origine-destination » dont le prix varie en fonction de la distance est valable sur les réseaux train, RER et Tram express d'Île-de-France.

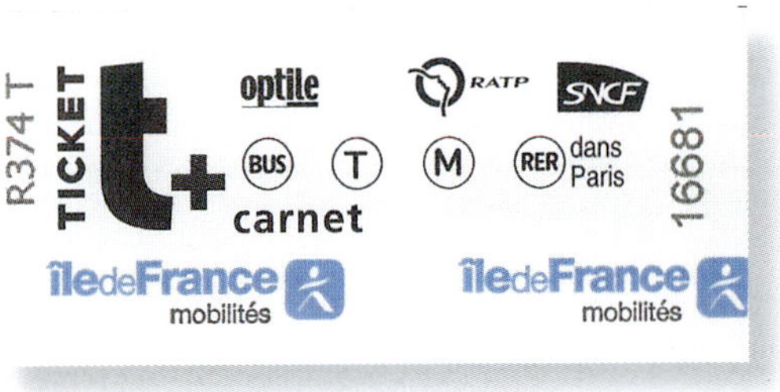

Les forfaits tout public

- Le Navigo Jour, Semaine ou Mois.
- Le Navigo annuel.
- Le Mobilis valable un jour pour un usage illimité sur les zones tarifaires choisies.
- Le Navigo senior à 50 % disponible dès 62 ans sans condition de ressources.
- Paris visite valable1, 2, 3 ou 5 jours pour un usage illimité sur les zones choisies.

Dématérialisation oblige deux nouveaux Passes sont disponibles depuis 2019 pour remplacer progressivement les traditionnels tickets de métro :

- le Navigo Liberté + pour les utilisateurs de ticket T + qui s'utilise sur une carte Navigo classique.
- le Navigo Easy qui est une carte sans contact comme les autres Passes Navigo sur laquelle l'utilisateur peut charger des titres de transports. Ce support n'étant nominatif, il peut donc être prêté à d'autres personnes.

Enfin, depuis fin 2019, il est également possible d'utiliser son smartphone pour mettre des tickets ou des forfaits Navigo.

Les forfaits pour les jeunes

- Imagine'R scolaire : Ce forfait annuel est destiné aux élèves de l'enseignement primaire, secondaire et aux apprentis. Il permet de voyager à volonté dans toute l'Île-de-France.
- Imagine'R étudiant : ce forfait annuel est destiné aux étudiants de moins de 26 ans. Il permet un usage illimité dans toutes l'Île-de-France.
- Ticket jeunes week-end : valable une journée, il permet un usage illimité à l'intérieur des zones choisies.

Les tarifs spéciaux :

Il existe également une large gamme de forfaits spéciaux (réduits, gratuits) pour différents types d'usagers spécifiques comme les familles nombreuses, les personnes âgées, les anciens combattants, les handicapés, les chômeurs, etc.

Les tickets « événementiels »

À l'occasion des événements qui marquent la vie du métro (inauguration de nouveau tronçon, disparition de vieux matériels roulants) mais également à l'occasion des événements qui rythment la vie parisienne (salons, expositions, compétitions sportives), la CMP puis la RATP ont édité des tickets événementiels. En voici donc quelques exemplaires :

Fête de la musique – 2003.

« JMJ » à Paris – 1997.

Inauguration de la nouvelle ligne 14 reliant la gare Saint-Lazare à la station Olympiades – 1998.

Championnat du monde d'athlétisme. Ticket valable pour la durée de l'épreuve – 2003.

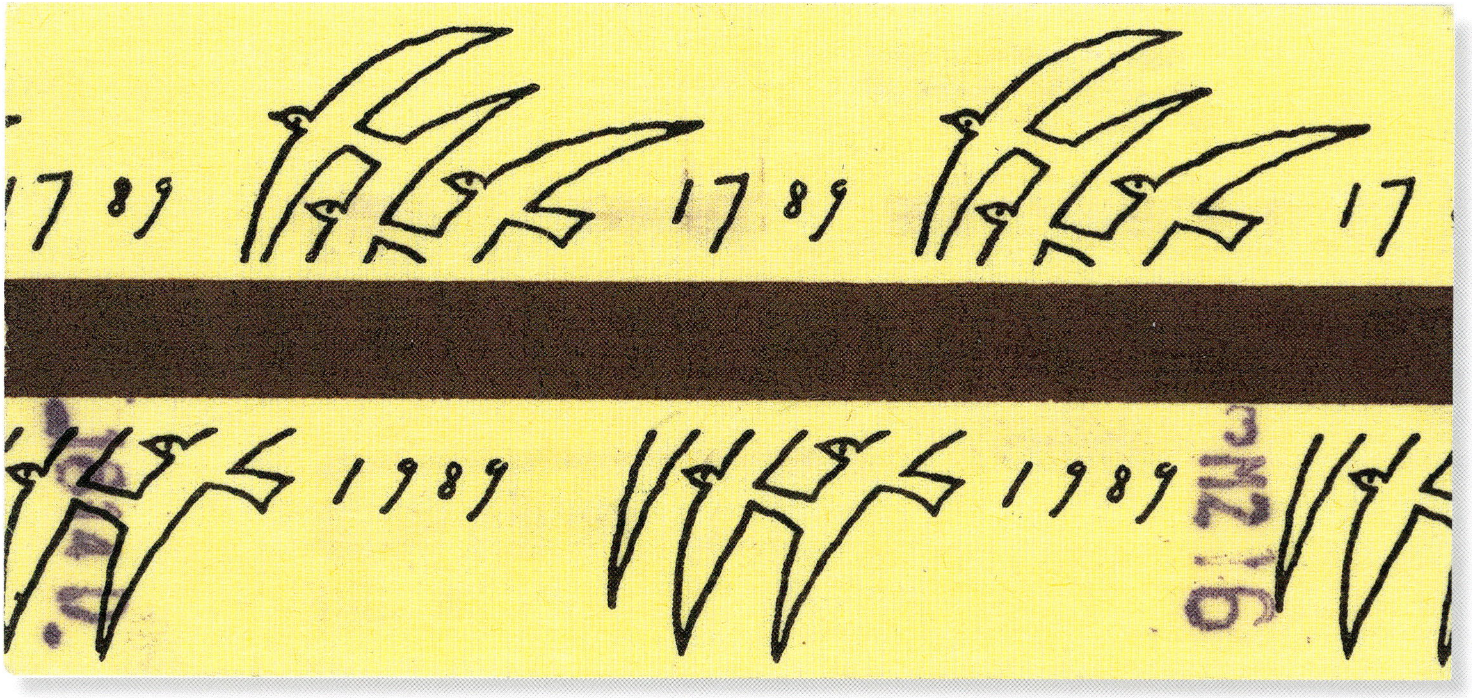

Verso du ticket commémoratif du bicentenaire de la Révolution française dessiné par l'artiste Jean-Michel Folon.
Ce billet a été imprimé à plus de 50 millions d'exemplaires – 1989 – format 66 × 30 mm.

Tickets d'ailleurs !

Il existe dans le monde plus de plus de 160 réseaux de métro et il existe donc autant de titres de transport différents (tickets ou cartes prépayées), voila donc un bref aperçu en image.

Bruxelles

Dubaï

Amsterdam

Lyon

Tokyo

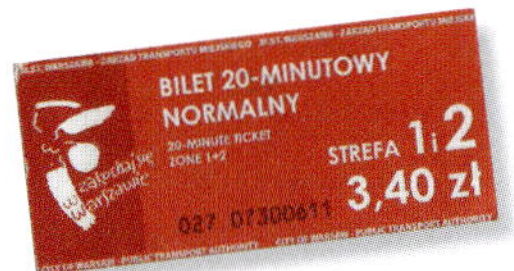

Varsovie

Lille

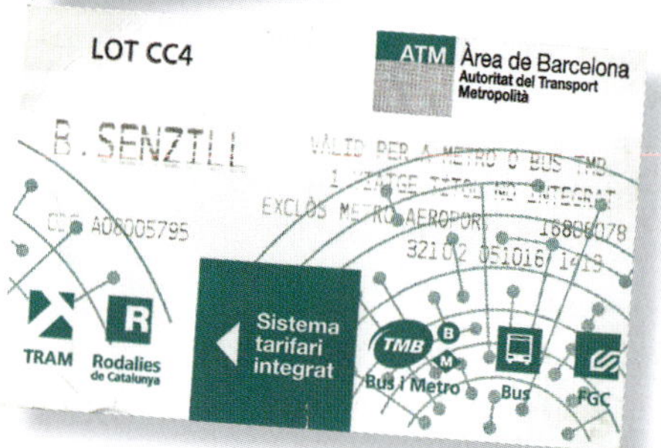

Barcelone

Boston

Athène

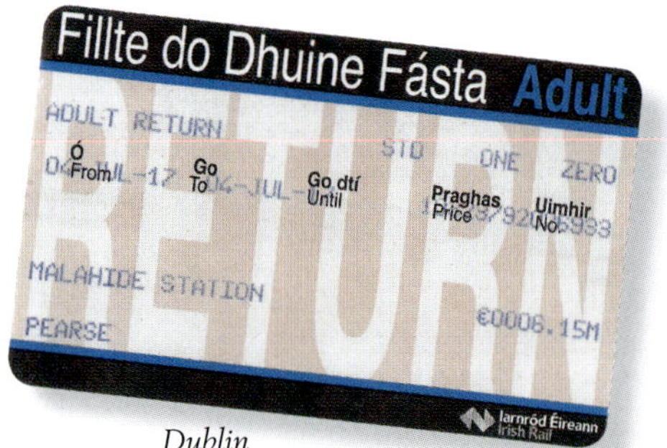

Dublin

Hong Kong

Istanbul

Marseille

Buenos Aire

Moscou

Rome

New York

Londres

Shanghaï

Comment se fabrique un ticket ?

La fabrication du ticket commence par celle du support papier appelé dans le jargon professionnel la « cartonnette ». Aujourd'hui de couleur blanche, la cartonnette sort d'une usine papetière sous forme de bobine d'environ 200 kg (si on s'amusait à la dérouler cela ferait une bande de plus de 3 km de long). Cette bobine est ensuite transportée vers le site du fabricant de tickets. Elle est alors disposée sur une machine qui dépose la piste magnétique sur une face de la cartonnette. Suivant la destination finale du titre de transport, deux types d'opérations sont possibles :

- Soit la bobine magnétisée est découpée en bobineaux de 160 mètres de long (ce qui représente une capacité de 2 400 billets). Ces bobineaux sont alors destinés aux appareils distributeurs des guichets du métro qui achèveront la fabrication du ticket lors de l'achat par le client en station.

- Soit la bobine magnétisée servira à la fabrication de titres de transport imprimés et codés destinés par exemple aux débits de tabac, maisons de la presse et autres points de vente de surface.

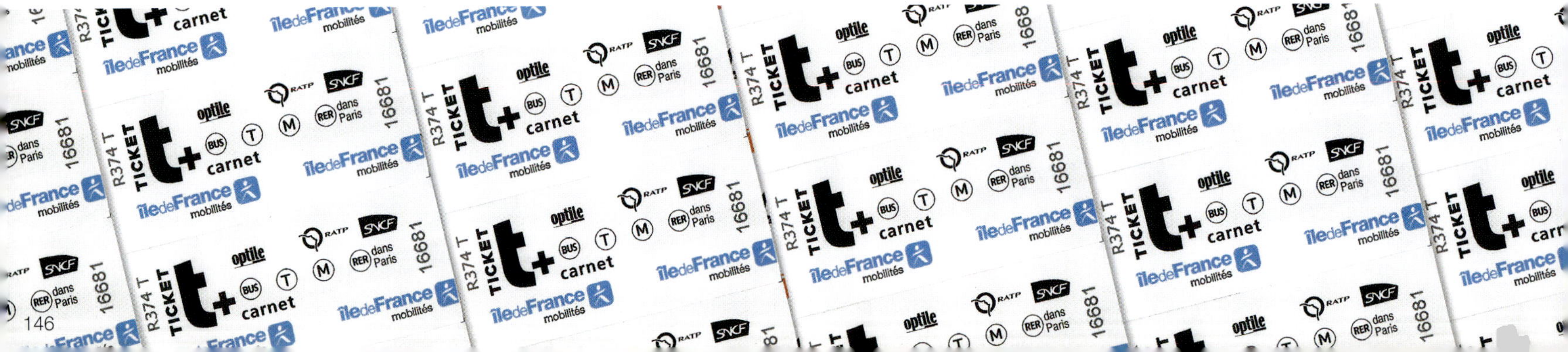

On reprend donc la bobine magnétisée que l'on dispose sur une rotative d'imprimerie qui d'une part imprime le ticket et d'autre part le numérote dans l'ordre. Il est important de souligner que chaque billet ainsi fabriqué est unique. La piste magnétique est codée pendant les phases d'impression et de numérotation. À la sortie de cette rotative, les billets achevés sortent par planches de 50 tickets qui sont empilés, massicotés, encollés et conditionnés par paquets de 20 carnets de 10 billets. Pour les amateurs de détails techniques, l'encre magnétique est en fait composée de bâtonnets d'oxyde de fer mélangés avec des liants et orientés parallèlement à la piste !

Pour la petite histoire, la RATP doit à deux sociétés, le Groupe Paragon, actuel fabricant des tickets de métro et le Groupe Oller Imprimag d'avoir mis au point la technologie de la bande magnétique. Le développement de cette technologie, aujourd'hui banalisée, n'a été possible qu'après de nombreuses phases de recherche et de développement nécessitant un procédé de fabrication sans faille. On comprend bien pourquoi quand on sait que le nombre de tickets vendus annuellement est de plus de 600 millions.

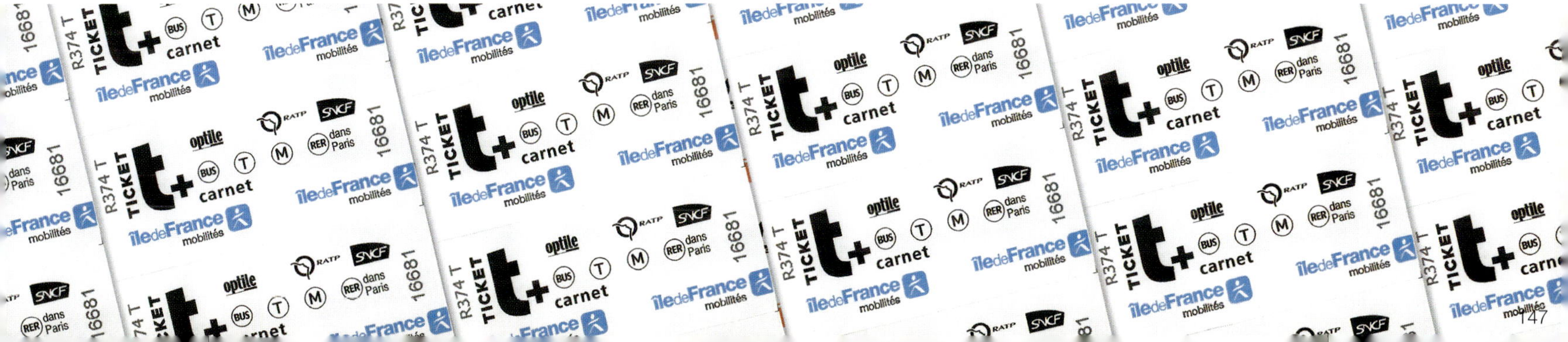

Étape d'application de la bande magnétique sur la bobine de papier.

Une des rares photos de la rotative qui imprime aujourd'hui tous les tickets pour le métro de Paris. Cette machine fabrique à elle seule plus de 600 millions de tickets par an.

Phase de conditionnement en carnets de 10 tickets pour les points de vente de surface (tabacs, maisons de la presse...).

Le ticket en chiffres

Un poids de 0,5 gramme

Une largeur de 30 millimètres

Une longueur de 66 millimètres

Une épaisseur de 0,27 millimètre

250 tonnes de cartonnette par an

Plus de 10 millions de tickets par semaine

Plus de 600 millions de tickets par an

Il s'en vend environ 1500 chaque minute.

Lire l'oblitération du ticket aujourd'hui

Si la bande magnétique que l'on trouve sur le ticket donne à l'appareil de contrôle les informations de validité ou de non-validité du ticket, une autre opération d'impression sur le ticket a lieu en même temps dans l'appareil. Cette impression de couleur violette donne des informations « codées ». Voici donc les mentions que l'on trouve sur le réseau urbain du métro :

- L'heure est indiquée par un nombre de 1 à 12.
- Le jour est indiqué par les lettres : L, M, m, J, V, S ou D.
- La période de la journée est indiquée par : 1 de 0 h à 12 h et 2 de 12 h à 24 h.
- Le numéro de la semaine : 1 à 52.
- L'indication de la station de passage (un nombre).
- L'identification de l'appareil de contrôle (une lettre sauf I et O).
- Une « maculation » de stries obliques et parallèles.

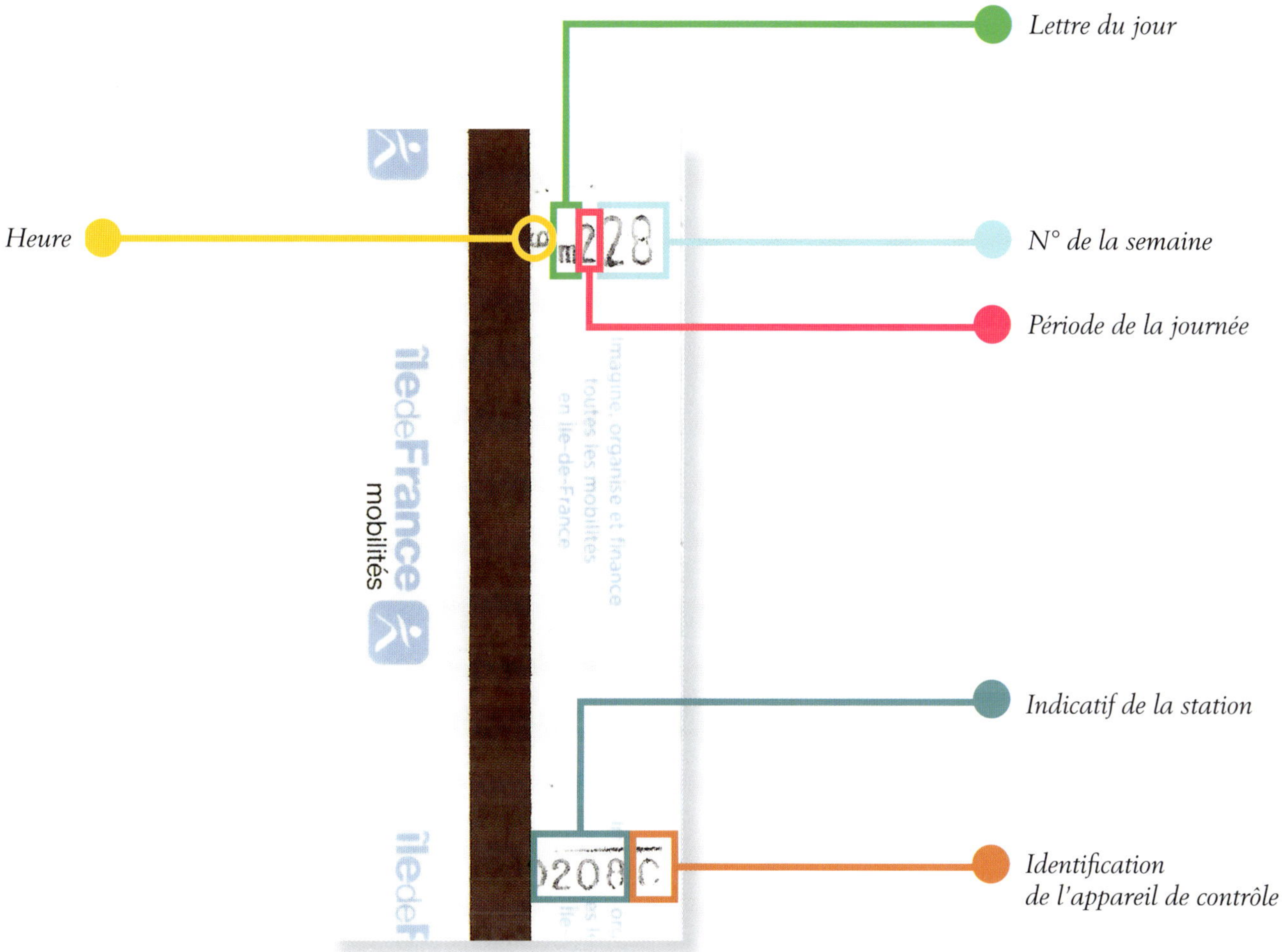
Lettre du jour
Heure
N° de la semaine
Période de la journée
îledeFrance mobilités
Indicatif de la station
Identification
de l'appareil de contrôle

Tickets d'artistes

Objet du quotidien, le ticket inspire de nombreux artistes. Voici donc quelques exemples d'utilisation du ticket comme support ou bien comme source d'inspiration créative

Gabriel : Oui, c'est vrai, qu'est-ce qui t'intéresse ?
Zazie : Le mé-tro !
Gabriel : Le métro, le métro, mais le voilà le métro !
Zazie : Le métro, le métro, le métro, le métro…
C'est pas le métro, ça, non mais !
Gabriel : J'vais t'espliquer. Quelquefois il sort de terre et après, il y rerentre.

Zazie dans le métro
Extraits des dialogues du film de Louis Malle,
d'après le livre de Raymond Queneau.

Couverture du livre
Zazie dans le métro
de Raymond Queneau,
illustrations de Siné
– édition Livre de poche de 1964.

Luc Grateau

Le trajet en métro est pour moi une métaphore de la vie : un ensemble de personnes se retrouvent par le fait du hasard en un même lieu, pour un intervalle de temps limité. Ce voyage se déroule en général dans un silence conventionnel, mais cette indifférence est rompue car un lien social ou intime s'établit.
Souvent je m'amuse à imaginer ce que chacun fait dans la vie, d'où il ou elle vient ou va, ce que le destin leur réserve. C'est cette diversité et cette commune humanité que je cherche à saisir par cette série de portraits réalisés sous contraintes de temps, de trépidations, de format, de couleur.

Le support « ticket de métro » a été choisi pour sa capacité à évoquer instantanément le voyage et le temps.
Luc Grateau réalise sur le vif des portraits à l'huile sur des tickets de métro.

Jeunes
stif
dans Paris
00220750F 2802 A 16
07234

TICKET

TICKET
00008433C

stif

M

00353945D 0715 A 15
TICKET

0000142964
stif

dans
Paris
stif

Jean-Claude Cally

On joue avec, on le plie et le déplie... ce sacré ticket de métro. Rectangulaire à la proportion d'un sur deux, c'est le moyen de se transporter partout dans la ville. Utiliser sa face côté bande magnétique pour inspiration et en faire un modèle comme support pour peindre Paris, voilà l'idée qui m'a plu. Du plus petit format aux plus grandes tailles allant jusqu'à 3,50 mètres, les toiles peintes à l'acrylique montrent des vues parisiennes très panoramiques puisque l'espace utilisé pour représenter celles-ci est l'étroitesse de la bande magnétique. Paris, ville spacieuse et horizontale, s'étale sur mes toiles « ticket chic ticket choc ».

Le Louvre – 90x60 – 2009.

Le pont Alexandre III – 120x60 – 2009.

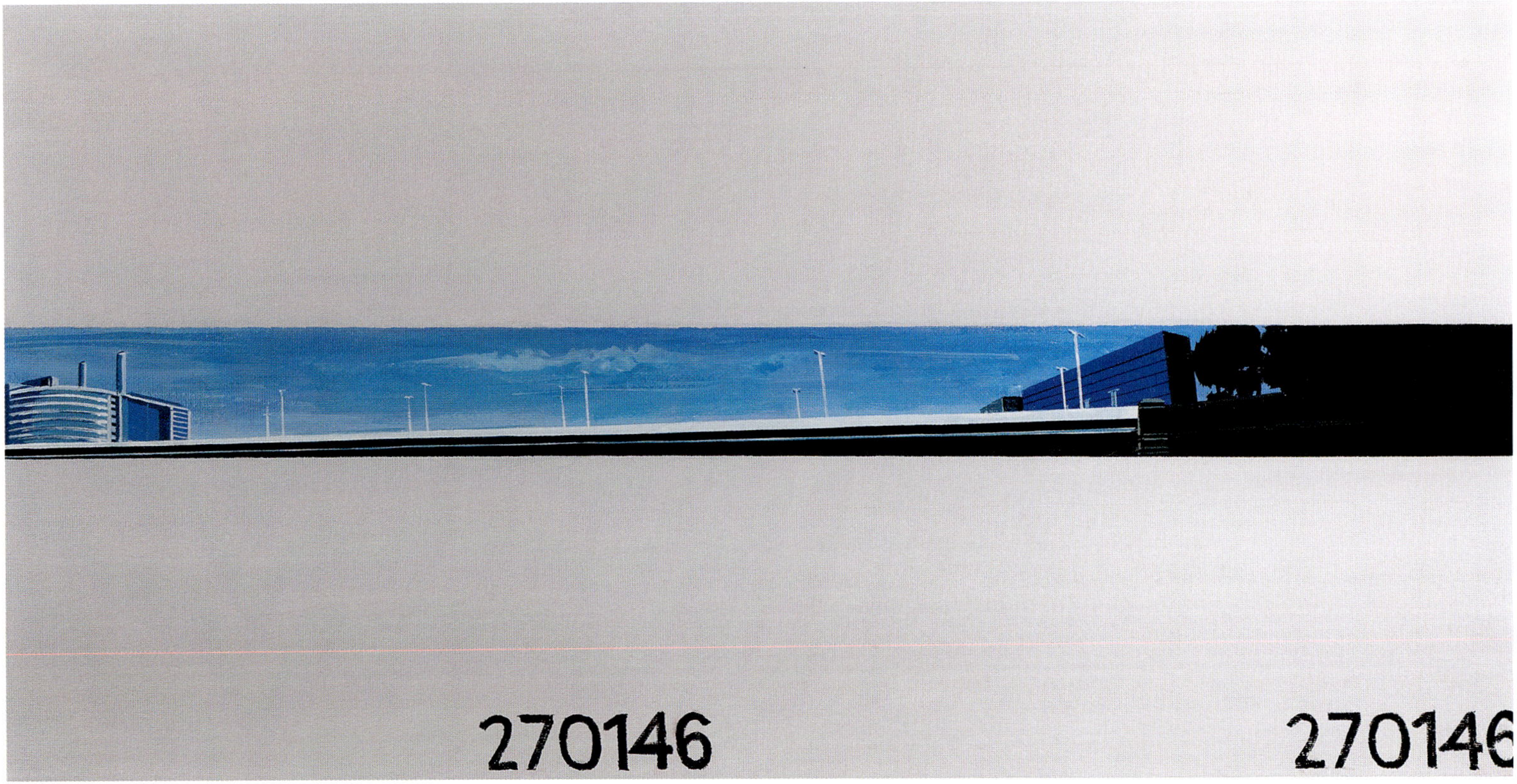

La bibliothèque François Mitterrand – 120x60 – 2009.

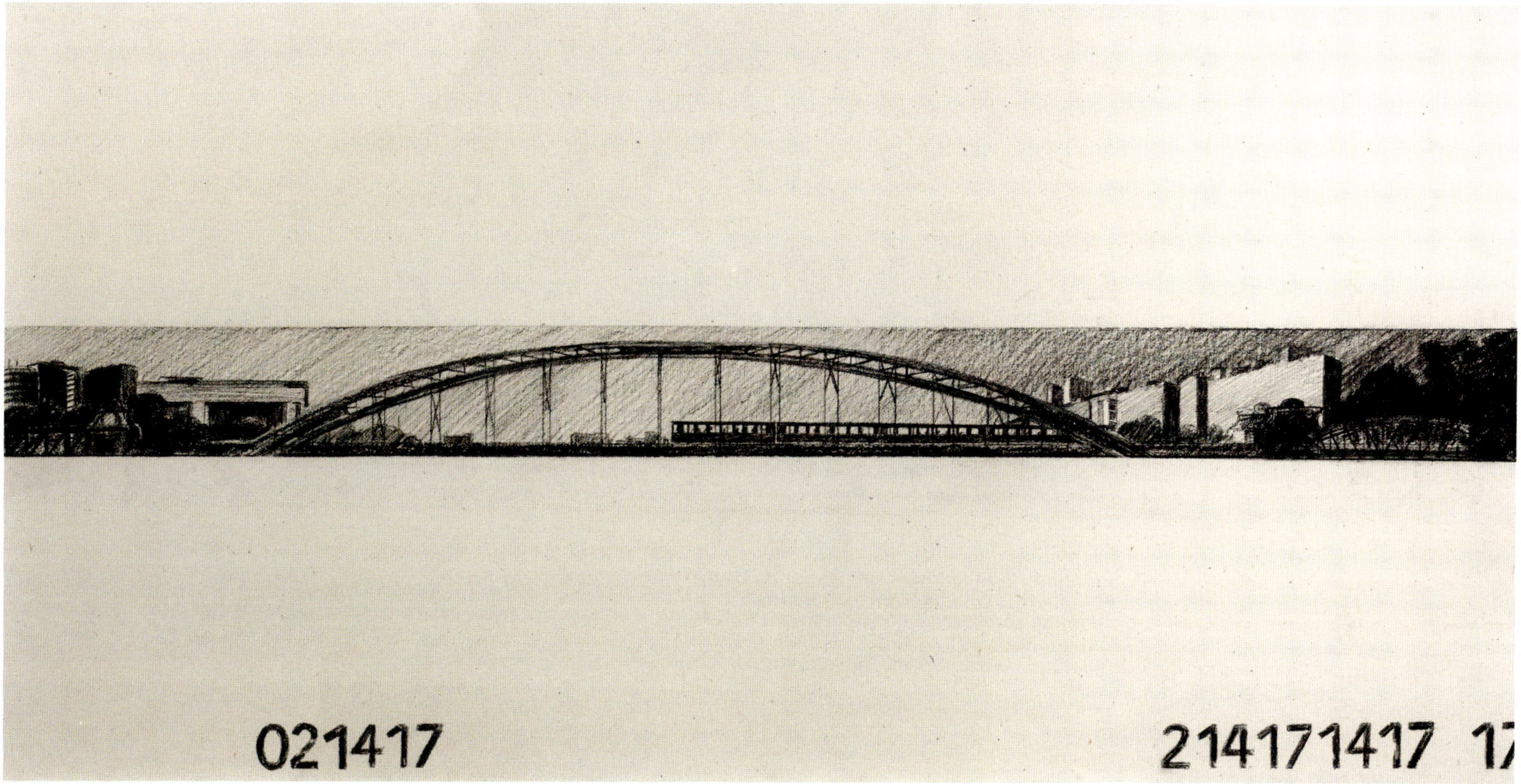

Le pont d'Austerlitz – 120x60 – 2009.

Ann Robinson

Née à Göteborg en Suède, Ann Robinson vit en France depuis plus de 25 ans. Elle se consacre pendant près de trente à la peinture qu'elle abandonne pour le collage en 2012. La matière première de ses créations est constituée de tickets de métro usagés. Les tickets sont collectés, ramassés, traités, teintés, découpés, déchirés, puis combinés, pliés, emboîtés, superposés ... dans des agencements tantôt fluides, tantôt géométriques qui donnent à voir des tableaux d'inspiration impressionniste. Ann Robinson expose ses collages en France et à l'étranger.

Verdun
110 x 160 - 2017

Bain de foule II - 140x100 - 2013

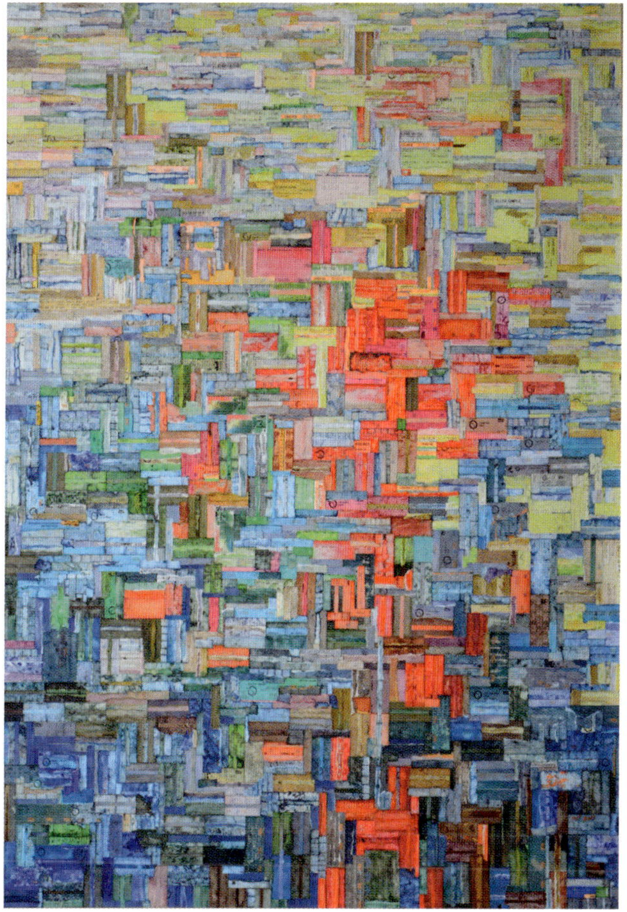

Bain de foule III - 140x100 - 2013

Léo-Paul Barbaut

Collégien, passionné de dessin et d'art, né un 19 juillet – comme le métro ! –, il passe deux heures dans les transports chaque jour. L'idée lui vint alors de décorer ses tickets. Un, deux, cent, cinq cents, mille et bien plus encore de tickets dessinés, peints, tagués, découpés, assemblés, composés...
Une multitude de variations qui met en exposition ce petit support rectangulaire.

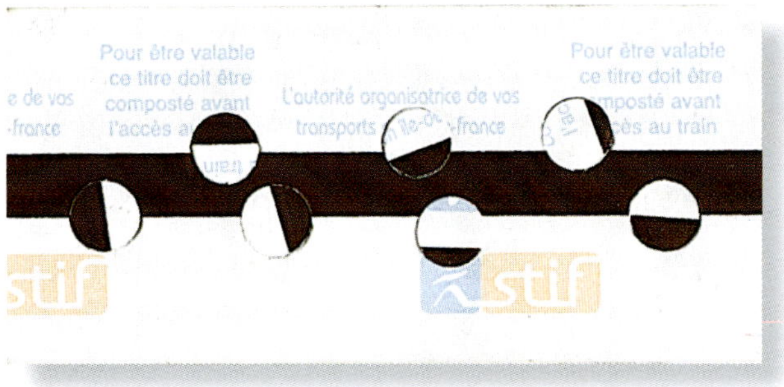

Hubert de Lartigue

C'est en triturant un ticket de métro pour essayer de lui donner une forme « cool », que l'artiste peintre Hubert de Lartigue a créé le fameux chasseur X de *La Guerre des étoiles*. Sa démonstration du pliage, d'abord postée sur le forum d'artistes Café Salé, a depuis fait le tour du monde via internet. Les deux autres modèles ont été créés par la suite comme réponse au défi lancé par ses amis de faire le Faucon Millénaire et le chasseur Tie. Les contraintes consistaient à se servir des proportions du ticket et des dessins imprimés dessus comme repères de pliage. Il ignore toujours comment lui sont venues à l'esprit les solutions mais c'est avec amusement qu'il constate que sa « célébrité » provient plus souvent de ces pliages que de son travail de peintre photoréaliste.

Remerciements

• Fabrice Valmier pour m'avoir permis de rencontrer les éditions Télémaque.

• Stéphane Watelet des éditions Télémaque, pour m'avoir fait confiance en moins d'une demi-heure !

• Claire Gourié et Pierre Duclos pour leur compétence, leur patience et surtout leur gentillesse.

• Julian Pepinster, encyclopédie roulante à lui tout seul sur l'histoire du métro parisien.

• Gérard Mory pour sa relecture attentive du manuscrit et pour m'avoir permis de reproduire dans cet ouvrage des tickets rares de sa collection.

• Laurent Arthaud, Bernard Hanquez et Pierre Guillaume Offret, ésitériophiles passionnés.

• Dominique Durant des Aulnois – directeur général de Paragon Identification (Groupe Paragon) – pour avoir accepté de m'ouvrir les portes du site de fabrication des tickets de métro parisiens.

• Nathalie Iris de la librairie Mots en marge pour l'enthousiasme dont elle a fait preuve dès le début de ce projet.

• Enfin dans mon entourage, tous ceux que je ne peux pas citer ici qui m'ont encouragé et soutenu pour mener cette entreprise à son terme.

À tous un grand et sincère merci !

Sélection bibliographique

Notre métro de Jean Robert – 2e édition de 1983
Métro insolite de Clive Lamming – éditions Parigramme – 2005
Paris Métro – éditions Dauphin – 1975
Le Métropolitain – collection « Encyclopédie par l'image » – éditions Hachette – 1950
Stations de métro de Gérard Roland – éditions Christine Bonneton – 2008
Un siècle de métro en 14 lignes de Jean Tricoire – éditions La Vie du rail – 1999
Métro – RER : une histoire, un avenir de Antoine Dupin – éditions LBM – 2007
Le Patrimoine de la RATP – éditions Flohic – 1996

Du même auteur :

Le Petit quizz du Jour-J - édition grand format
100 questions-réponses sur le débarquement - Éditions Pierre de Taillac - 2019

Le Petit quizz du Charles de Gaulle
50 questions-réponses sur le groupe aéronaval - Éditions Pierre de Taillac - 2019

Le Petit quizz de Marie-Antoinette
80 questions-réponses sur la plus célèbre reine de France - Éditions Pierre de Taillac / Établissement public du château de Versailles. 2018.

Le Petit quizz de Georges Clemenceau
Questions-réponses sur le « Père la Victoire » - Éditions Pierre de Taillac. 2018.

Le Petit quizz des CRS
50 questions-réponses sur les CRS – Éditions Pierre de Taillac / Direction générale de la Police nationale - SICOP. 2018.

Le Petit quizz de la Grande Guerre – édition grand format
100 questions-réponses pour le centenaire 14-18 – Éditions Pierre de Taillac. 2017.

Le Petit quizz de la Police
80 questions-réponses sur la Police nationale – Éditions Pierre de Taillac / Direction générale de la Police nationale - SICOP. 2017.

Le Petit quizz de Jeanne d'Arc
50 questions-réponses sur l'histoire de Jeanne d'Arc – Historial Jeanne d'Arc / Métropole Rouen-Normandie. 2016.

Le Petit quizz de Versailles
100 questions-réponses sur l'histoire du château de Versailles – Éditions Pierre de Taillac / Établissement public du château de Versailles. 2015.

Le Petit quizz de la Marine
80 questions-réponses sur l'histoire de la Marine française – Éditions Pierre de Taillac / Musée national de la Marine. 2015.

Crédits photographiques

Toutes les illustrations sont issues des collections particulières de Bernard Hanquez, Gérard Mory, Julian Pepinster et Grégoire Thonnat ; sauf p. 11 : Jean-Eugène Atget/musée Carnavalet/Roger-Viollet – p. 24 : Roger-Viollet – p. 29 : RATP – p. 31 : Keystone-France – p. 33, 34-35, 36 et 37 : RATP – p. 39 : LAPI/Roger-Viollet – p. 41 : RATP – p. 46 et 51 : LAPI/Roger-Viollet – p. 59 : André Zucca/bibliothèque historique de la ville de Paris/Roger-Viollet – p. 61 : Roger-Viollet – p. 67 et 69 : Keystone-France –p. 70 et 83 (fond) : RATP – p. 92 : Gérald Bloncourt/Rue des Archives – p. 95 : Roger-Viollet – p. 96 et 101 : RATP – p. 103 et 106-107 : Jacques Cuinières/Roger-Viollet – p. 109, 110-111 et 119 (fond) : RATP – p. 119 (haut à gauche) : René Minoli/RATP – p. 119 (bas à gauche)et 119 (haut à droite) : Jean-Marie Carrier/RATP – p. 119 (bas à droite) : Charles Ardaillon/RATP – p. 123 : Bertrand Chabrol/RATP – p. 127 : Jean-François Mauboussin/RATP – p. 135 et 137 : Denis Sutton/RATP – p. 139 : Jean-François Mauboussin/RATP – p. 141 : Jean-François Mauboussin/RATP – p. 143 : Veolia transport – p. 155 : Le Livre de Poche – p. 157 à 159 : Luc Grateau – p. 160 à 163 : Jean-Claude Cally – p. 164-165 : Justyna Tuha – p. 166-167 : Léo-Paul Barbaut – p. 168-169 : Hubert de Lartigue. En quatrième de couverture (photos de gauche à droite) : collection particulière, RATP, RATP, René Minoli/RATP, Hubert de Lartigue.

Graphisme et mise en page : Pierre Duclos / Fabrice Rondon

Éditions SW Télémaque 47, rue Vaneau, 75007 Paris
www.editionstelemaque.com

Achevé d'imprimer en septembre 2019 sur les presses de Standartu Spaustuve
Dépôt légal : octobre 2019